T0104221

ENGLISH FOR EVERYONE JUNIOR ENGLISH DICTIONARY

FREE AUDIO
website and app

www.dkefe.com/junior/us

ENGLISH FOR EVERYONE JUNIOR ENGLISH DICTIONARY

FREE AUDIO
website and app

www.dkefe.com/junior/us

DK
For the curious

Penguin Random House

DK LONDON
Project Editor Sophie Adam
Project Art Editor Annabel Schick
Illustrator Gus Scott
Managing Editor Christine Stroyan
Managing Art Editor Anna Hall
Production Editor George Nimmo
Production Controller Samantha Cross
Senior Jacket Designer Surabhi Wadhwa-Gandhi
Jacket Design Development Manager Sophia MTT
Publisher Andrew Macintyre
Art Director Karen Self
Publishing Director Jonathan Metcalf

DK DELHI
Jacket Designer Juhi Sheth
DTP Designer Rakesh Kumar
Senior Jackets Editorial Coordinator Priyanka Sharma

First American Edition, 2021
Published in the United States by DK Publishing
1450 Broadway, Suite 801, New York, NY 10018

Copyright © 2021 Dorling Kindersley Limited
DK, a Division of Penguin Random House LLC
21 22 23 24 25 10 9 8 7 6 5 4 3 2 1
001-325844-Dec/2021

All rights reserved.
Without limiting the rights under the copyright reserved above, no part of this publication may be reproduced, stored in or introduced into a retrieval system, or transmitted, in any form, or by any means (electronic, mechanical, photocopying, recording, or otherwise), without the prior written permission of the copyright owner.
Published in Great Britain by Dorling Kindersley Limited

A catalog record for this book is available from the Library of Congress.
ISBN: 978-0-7440-4573-4

DK books are available at special discounts when purchased in bulk for sales promotions, premiums, fund-raising, or educational use. For details, contact: DK Publishing Special Markets, 1450 Broadway, Suite 801, New York, NY 10018
SpecialSales@dk.com

Printed and bound in China

For the curious
www.dk.com

This book was made with Forest Stewardship Council ™ certified paper – one small step in DK's commitment to a sustainable future. For more information go to www.dk.com/our-green-pledge

Contents

About this book 6
The alphabet 8
A 10
B 14
C 24
D 34
E 38
F 40
G 46
H 50
I 56
J 58
K 60
L 62
M 66
N 70

Meet the characters

O 72
P 74
Q 83
R 84
S 88
T 104
U 112
V 112
W 114
X 118
Y 118
Z 119
Numbers 120
In the classroom 121
Time 122
Prepositions 123
Directions 123
Positions 123
Useful phrases 124
Feelings 125
Opposites 126
Word list 130

About this book

English for Everyone Junior: English Dictionary is an A–Z vocabulary book for children that introduces more than 1,000 English words through colorful illustrations. You can access audio recordings for all the words, phrases, and songs featured in this book on the accompanying website and app.

The letter bar helps you remember the order of the alphabet and find your place in the book.

Read the words on the page, listen to the audio, and repeat each new word out loud.

Vocabulary sets taught inside boxes are grouped by subject, rather than alphetically.

To play the audio files, search for the page number on the website or app, and then find the word, phrase, or song.

Audio

Pronunciation is an important aspect of learning a new language. Access the free audio material for this book on the **English for Everyone Junior** website and app. Visit **www.dkefe.com/junior/us** or download the **DK English for Everyone Junior** app from the App Store or Google Play.

FREE AUDIO
website and app

www.dkefe.com/junior/us

Speech bubbles feature useful phrases and additional vocabulary.

Catchy songs reinforce the meaning of new words. Listen and sing along to develop your pronunciation.

Fun facts about the pictures help you build new vocabulary.

The alphabet

The English alphabet has 26 letters. Use capital letters for the first letter of a sentence, the names of people or places, the days of the week, and the months of the year. Use lowercase letters the rest of the time. Trace the letters with your finger, starting at the white dot. Listen to the audio and repeat each letter, then listen to the song and sing along.

Aa Bb Cc

Capital letter Lowercase letter

Dd Ee Ff

Gg Hh Ii

Jj Kk Ll

Mm Nn Oo

Pp Qq Rr

Ss Tt Uu

Vv Ww Xx

Yy Zz

Aa
① airplane
② apartment block
③ airport
④ apron
⑤ apricot
⑥ avocado
⑦ apple
⑧ Hello, I'm Andy. Welcome to my town!

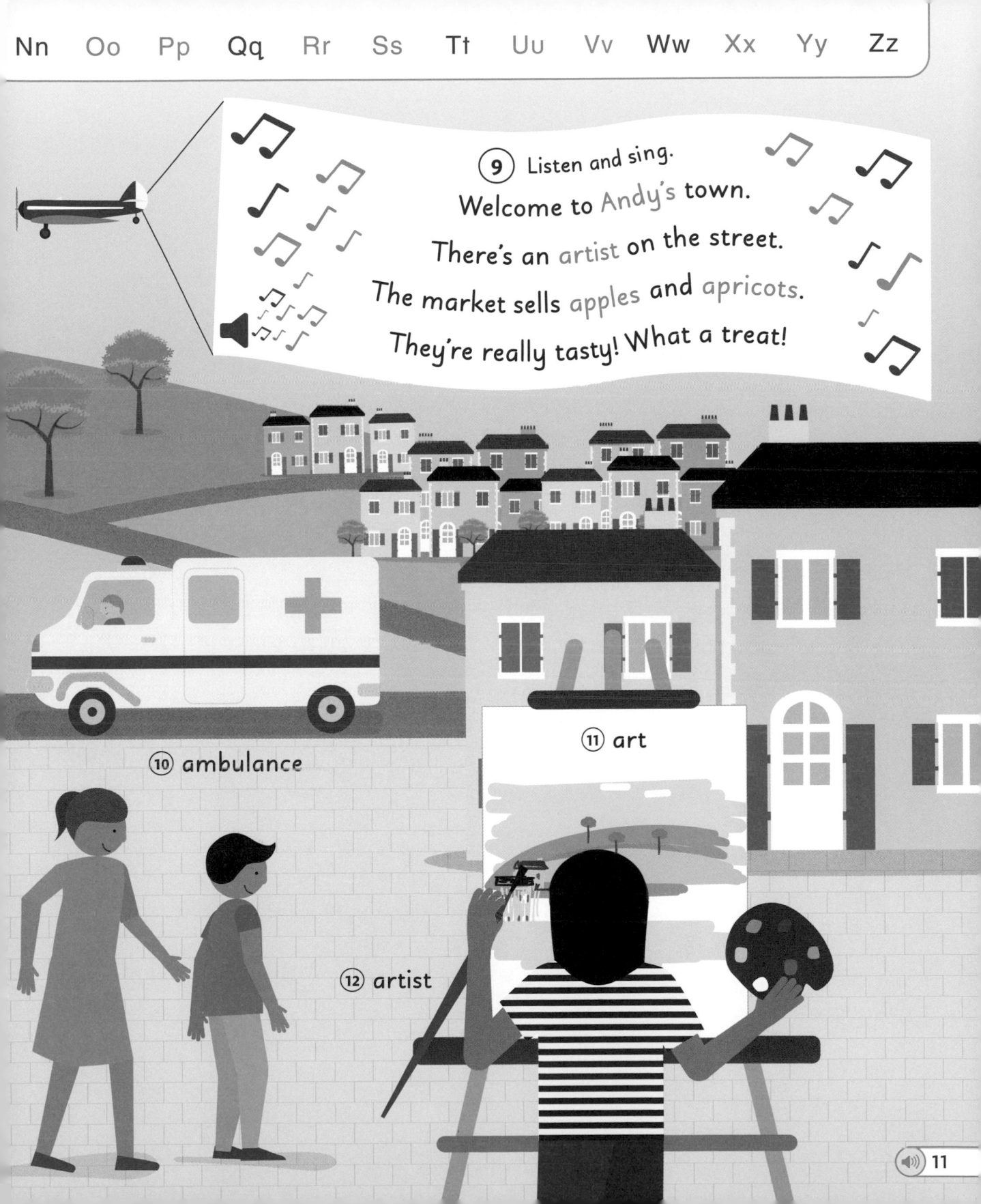
9 Listen and sing.
Welcome to Andy's town.
There's an artist on the street.
The market sells apples and apricots.
They're really tasty! What a treat!
10 ambulance
11 art
12 artist

1 alarm clock
2 Good morning! What time is it?
3 action figure
Aa Bb Cc Dd Ee
Ff Gg Hh Ii Jj
Kk Ll Mm Nn Oo
Pp Qq Rr Ss Tt
Uu Vv Ww Xx Yy
Zz
4 alphabet
5 awake
6 asleep
7 armchair
10 Park Street
New York
NY 10018
8 address
9 anchor
10 astronaut
11 alligator

12 actor
13 audience
14 arrow
15 archery
16 animals
17 antelope
18 ant
An ant can carry 50 times its weight.

Bb
1 beak
2 bird
3 bee
4 blossom
5 bull
6 beaver
7 badger
8 butterfly
9 beetle
10 blackberry

11 bat
Bats sleep upside down.
12 branch
buzz buzz
13 beehive
14 How many bees can you see?
15 bear
16 bark
17 beans
18 board game
19 barn
20 broccoli

① baseball
② bat
③ baseball cap
④ basketball
⑤ bowling
⑥ badminton
⑦ bounce
⑧ ball

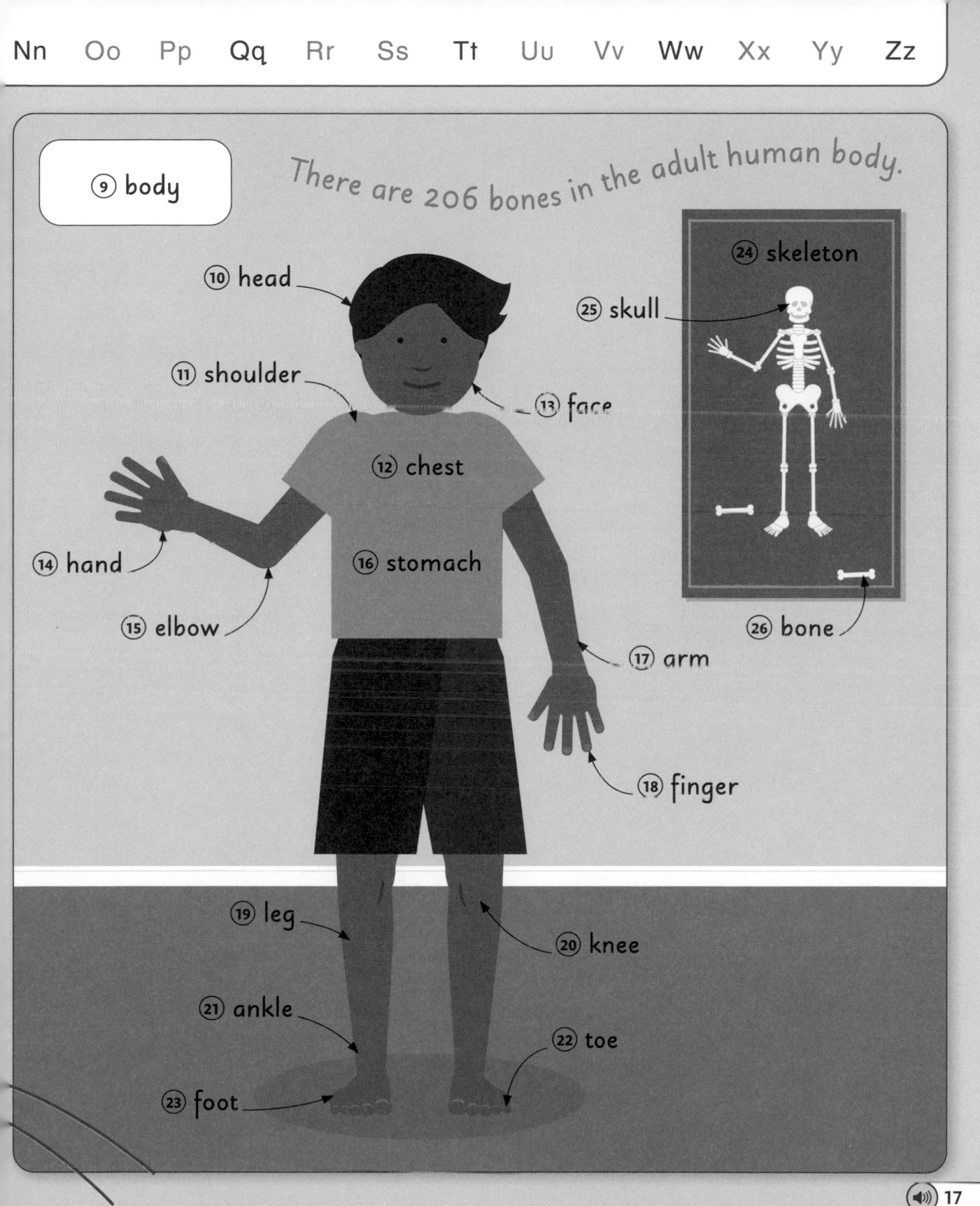
9 body
There are 206 bones in the adult human body.
10 head
11 shoulder
12 chest
13 face
14 hand
15 elbow
16 stomach
17 arm
18 finger
19 leg
20 knee
21 ankle
22 toe
23 foot
24 skeleton
25 skull
26 bone

① What do you like to do at the beach?
② boat
③ beach ball
④ backpack
⑤ bottle
⑥ beach
⑩ bathroom
⑪ bathtub
⑫ bubble

7 Listen and sing.
Sofia drinks from the bottle in her hand.
Andy has filled his bucket with sand.
There's a boat over there on the big blue sea.
The beach is a wonderful place to be!
8 bucket
9 baby
13 bedroom
14 blinds
15 bed
16 blanket
17 I love to read books!
18 book
19 bookcase

① build
② broom
③ box
④ builder
⑤ boot
⑥ building
⑦ bricks
⑧ bus station
⑨ bus
⑩ bus stop
⑪ beads
⑫ button
⑬ bow
⑭ bracelet
⑮ belt
⑯ buckle

17 bread
18 bowl
19 breakfast
20 banana
21 butter
22 blueberries
23 Happy birthday, Ben!
24 band
25 burger
26 birthday party
27 balloon

① balcony
② I love riding my bicycle!
③ bridge
④ bookstore
⑤ bank
$
⑥ bicycle
⑦ seat
⑧ handlebar
⑨ tire
⑩ chain
⑪ basket
⑫ pedal
⑬ wheel
⑭ bench

⑮ boat
⑯ bakery
⑳ I'd like to buy some bread.
⑰ bread
⑲ buy
⑱ baker

Cc
1 cotton candy
2 clown
3 coconut
8 claw
9 collar
10 cat
11 card
12 cereal
13 comb
14 clothes

6 carnival
7 circus
5 Oh no!
4 cry
15 ceiling
16 curtain
17 couch
18 cushion
19 carpet
20 cabinet

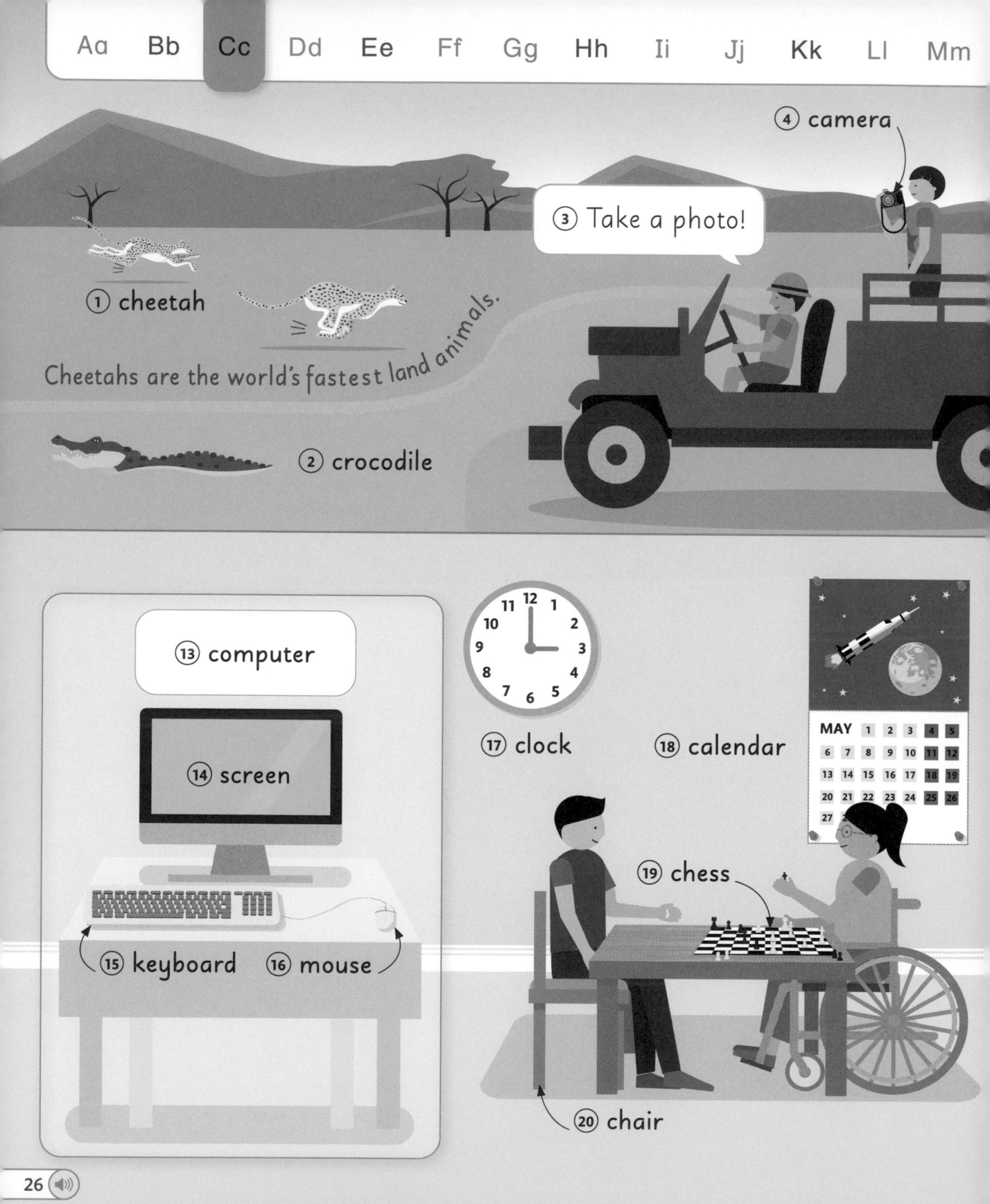
4 camera
3 Take a photo!
1 cheetah
Cheetahs are the world's fastest land animals.
2 crocodile
13 computer
14 screen
15 keyboard
16 mouse
17 clock
18 calendar
MAY
19 chess
20 chair

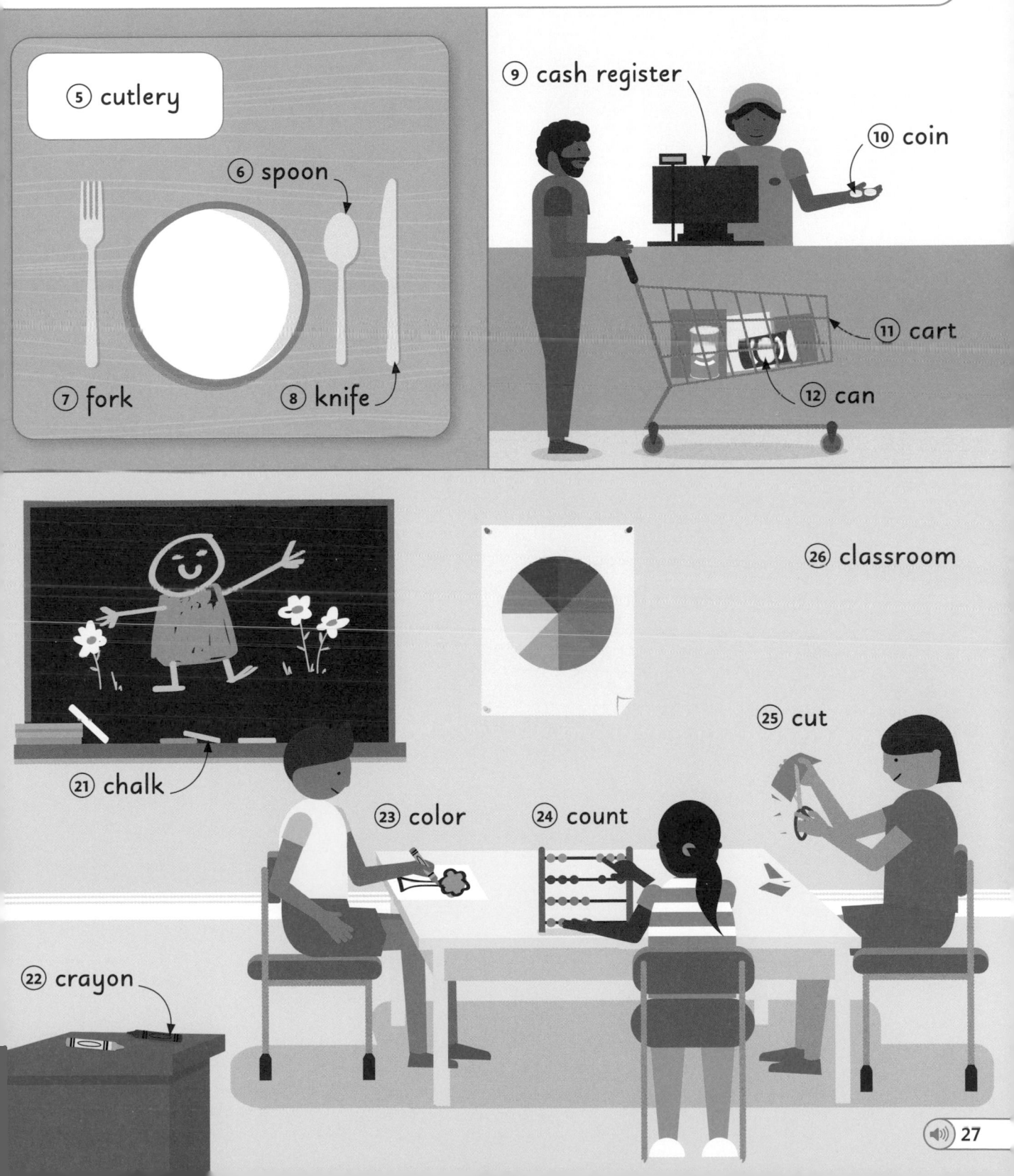
5 cutlery
6 spoon
7 fork
8 knife
9 cash register
10 coin
11 cart
12 can
21 chalk
22 crayon
23 color
24 count
25 cut
26 classroom

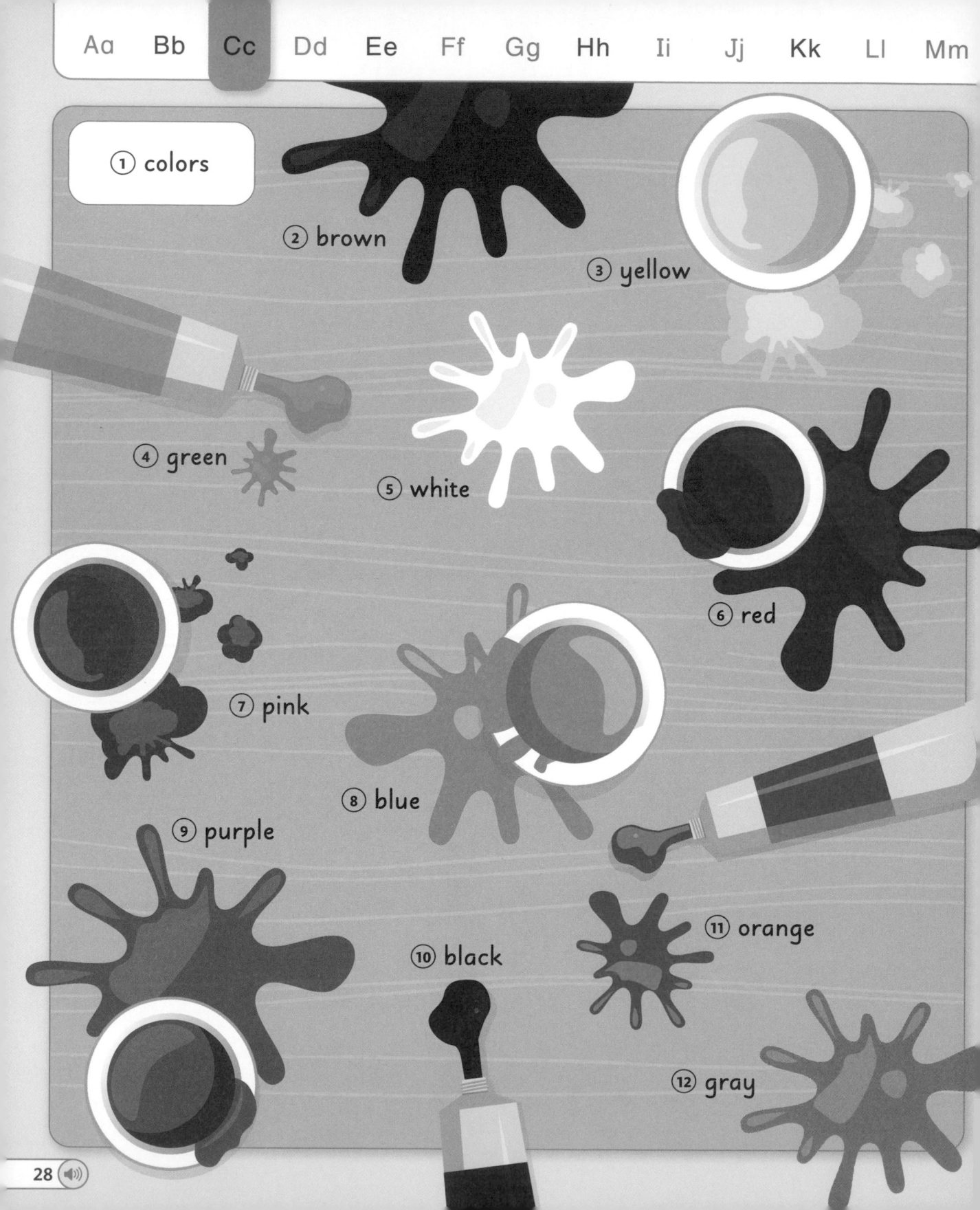
① colors
② brown
③ yellow
④ green
⑤ white
⑥ red
⑦ pink
⑧ blue
⑨ purple
⑩ black
⑪ orange
⑫ gray

17 cabbage

18 cauliflower

19 cutting board

20 celery

21 carrot

Not all carrots are orange.

22 cucumber

23 corn

① cup
② candy
③ cake
④ cherry
⑤ Hello! I'd like some cake, please.
⑥ coffee
⑦ chocolate
⑧ cupcake
⑨ cookie
⑩ customer
⑪ Listen and sing.
Let's go to the café! What can we see?
A big bar of chocolate and a cup of coffee.
A customer looks at a red lollipop,
and points to the cake with a cherry on top.
⑫ cliff
⑬ climb
⑭ cave
⑮ compass
⑯ north
⑰ east
⑱ south
⑲ west
N
W
E
S

20 comet
21 camp
22 coat
23 campfire
24 How many stars can you see?
25 coral
Male crabs usually have blue claws.
26 crab
27 cheese
28 chicken

1 comic book
2 crown
3 castle
4 corner
5 center
6 cobweb
7 cow
8 caterpillar
Caterpillars turn into butterflies.
9 chicken
10 chick

11 city
12 cloud
13 college
Café
14 café
15 cycle
16 car
17 candle
18 chopsticks
19 cook
20 chef
21 camel

Dd
Baby deer are called fawns.
1 dragonfly
2 deer
3 duck
4 duckling
5 desert
6 dance
7 drive
8 donkey
A-Z
9 dictionary
10 dog

⑪ dinner
⑫ What time do you have dinner?
⑬ dessert
⑭ drinks
⑮ deck chair
⑯ dive
⑰ diving board
⑱ drink
⑲ This ice cream is delicious!

① dream
② doctor
③ dentist
④ dolphin
⑤ dinosaur
⑥ dragon
⑦ doll
⑧ desk
⑨ drawer
⑩ dollhouse
⑪ dining room
⑫ door
⑬ drum
⑭ draw

⑮ days of the week

⑯ Monday

⑰ Tuesday

⑱ Wednesday

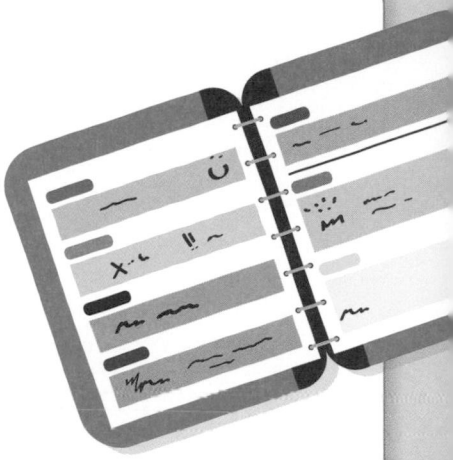

⑲ Thursday

⑳ Friday

㉑ Saturday

㉒ Sunday

㉓ Listen and sing.

On Monday, I dreamed about dragons.
On Tuesday, I played my drum.
On Wednesday, I drew a picture of a dinosaur in the sun.
On Thursday, I saw the doctor, and I took my doll with me.
On Friday, I went to the beach, and there were dolphins in the sea.

5 Listen and sing.

Emma the explorer is looking for eagles.
They lay their eggs high in a tree.
Look at the elephants! They are enormous!
What other E words can you see?

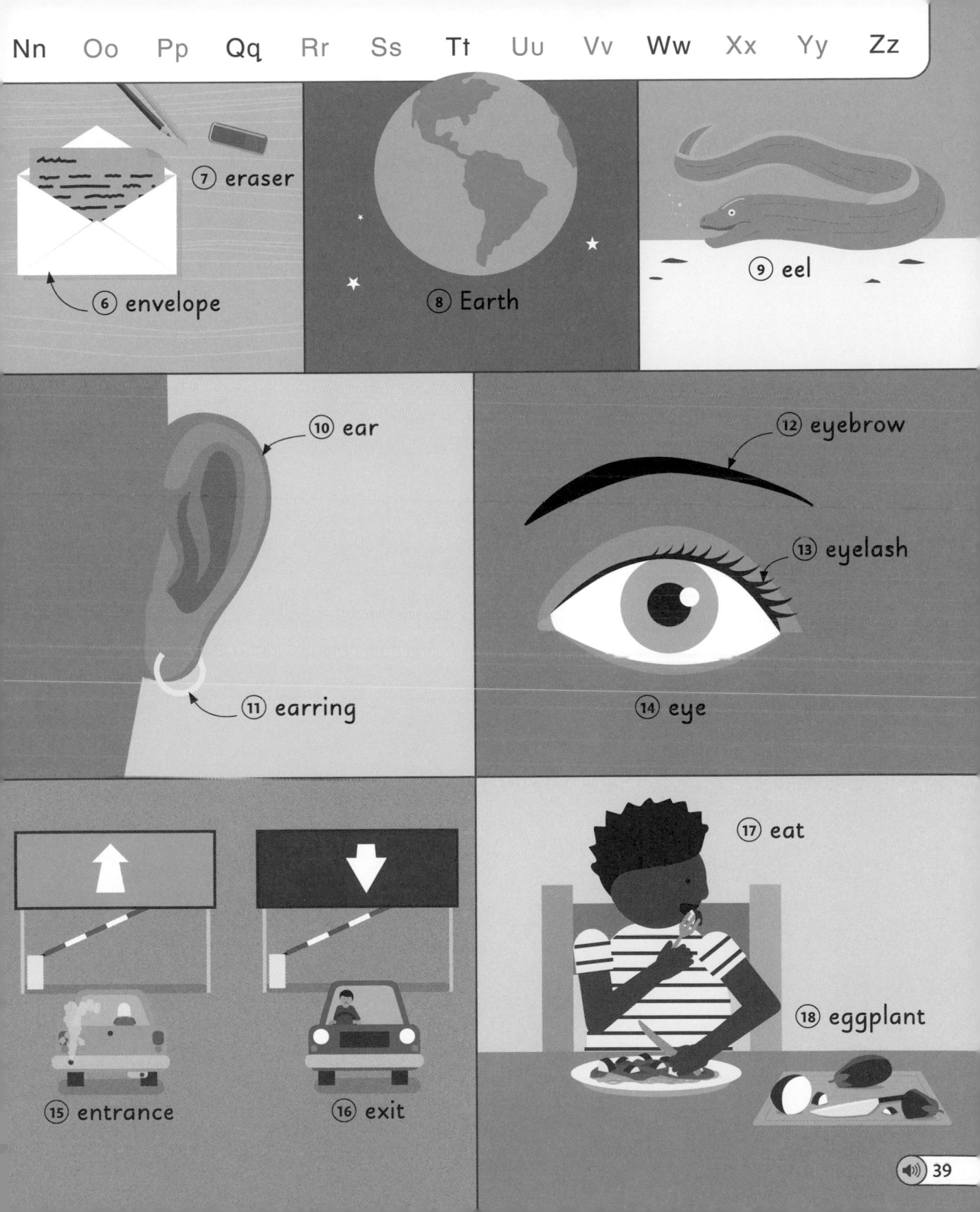
7 eraser
6 envelope
8 Earth
9 eel
10 ear
11 earring
12 eyebrow
13 eyelash
14 eye
15 entrance
16 exit
17 eat
18 eggplant

Ff
1 farm
2 field
3 farmer
4 flower
5 fire engine
6 fire station
7 firefighter
8 fire

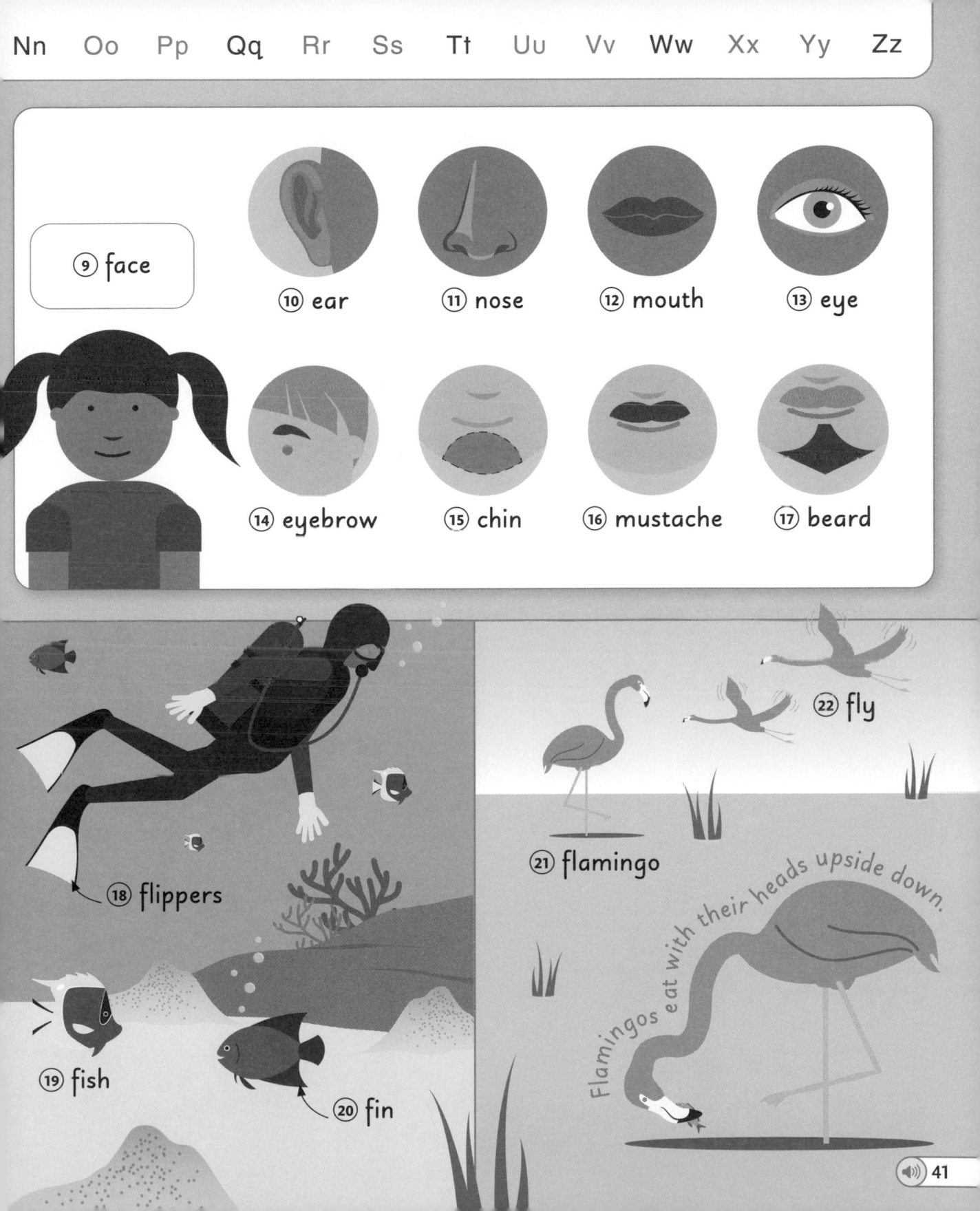
9 face
10 ear
11 nose
12 mouth
13 eye
14 eyebrow
15 chin
16 mustache
17 beard
18 flippers
19 fish
20 fin
21 flamingo
22 fly
Flamingos eat with their heads upside down.

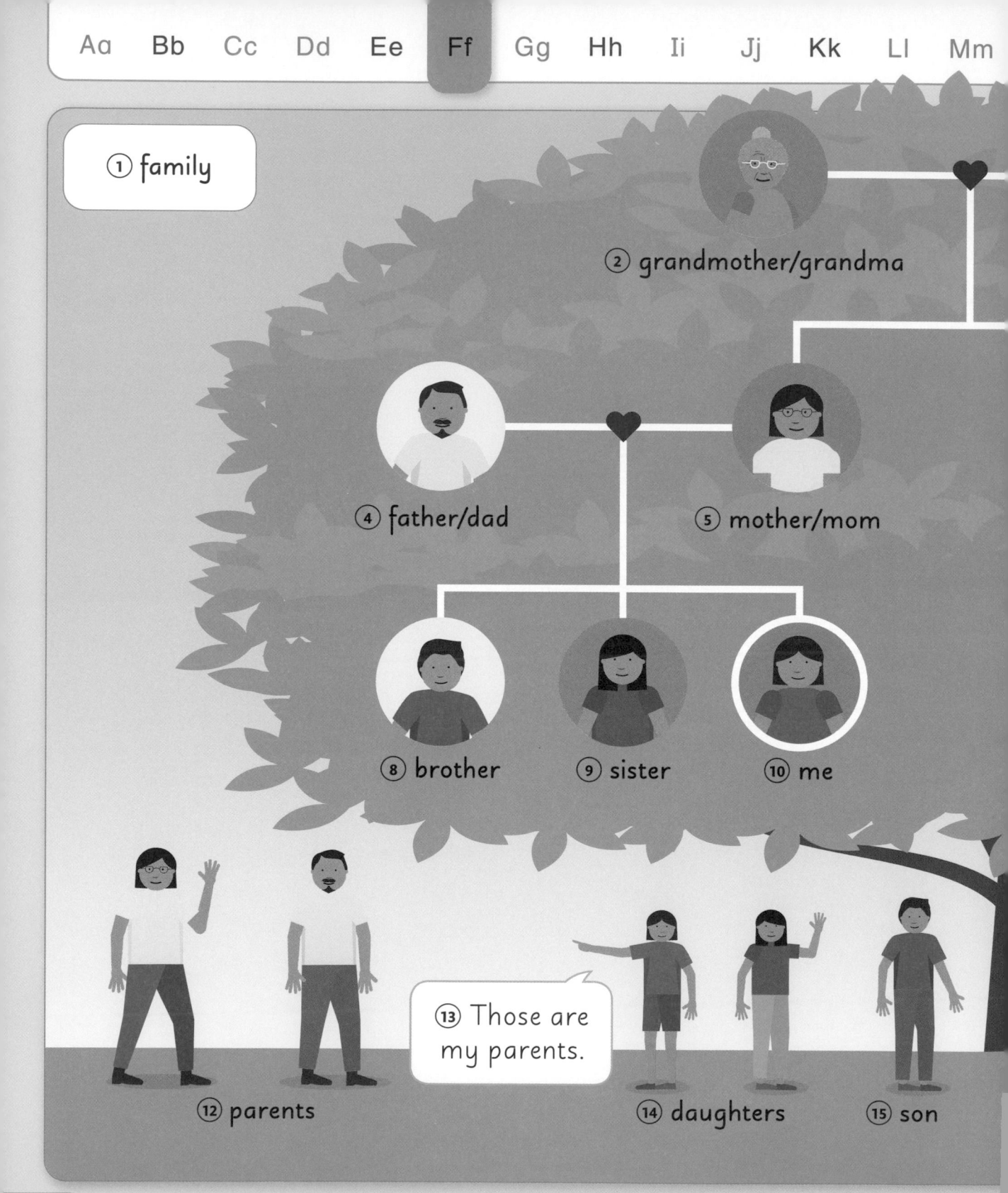
① family
② grandmother/grandma
④ father/dad
⑤ mother/mom
⑧ brother
⑨ sister
⑩ me
⑬ Those are my parents.
⑫ parents
⑭ daughters
⑮ son

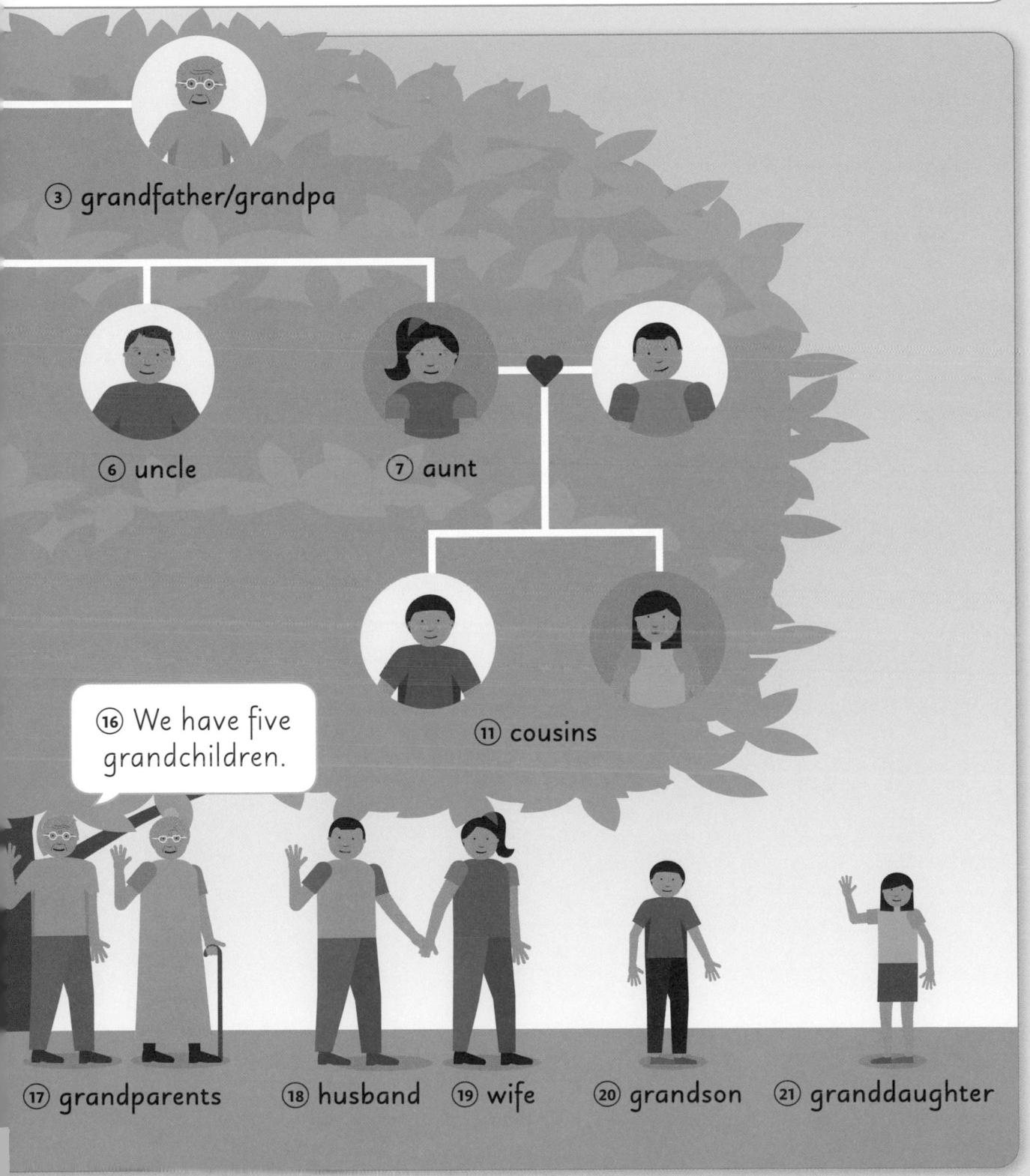
③ grandfather/grandpa
⑥ uncle
⑦ aunt
⑪ cousins
⑯ We have five grandchildren.
⑰ grandparents
⑱ husband
⑲ wife
⑳ grandson
㉑ granddaughter

① What would you like to eat?

② I'd like some fries, please.

③ fireworks

④ flashlight

⑤ food

⑥ fries

⑦ fruit

⑧ flour

⑨ fridge

⑩ floor

⑪ Listen and sing.

We watch fireworks and
we have fun.
We go fishing in the sun.
When we finish,
we have some food
from the fridge if
we're in the mood.

12 finish
13 flag
14 fence
15 forest
16 Fishing is fun!
17 fishing rod
18 fox
19 fly
20 frog
A group of frogs is called an army.

Gg
1 Listen and sing.
I walk through my little white gate,
and the garden is looking great!
The grapes are growing and the carrots, too,
and there's a really gorgeous view.
2 grapes
3 greenhouse
4 There are flowers in my basket.
5 glasses
6 garden
7 gloves

⑪ garage
⑨ grow
A grasshopper can jump 20 times its body length.
⑩ grass
⑧ gate
⑫ grasshopper

Giraffes are the tallest animals in the world.
① giraffe
② gorilla
③ gazelle
④ guitar
⑤ goal
⑥ goggles

7 garlic
8 glass
9 glue
10 goldfish
11 gift
12 give
13 gym
14 gymnastics
15 goat
16 goose
17 golf

Hh
① hot-air balloon
② helicopter
A sheep, a chicken, and a duck were the first hot-air balloon passengers.
③ hospital
④ hotel
⑤ house
⑥ hippo
⑦ honey

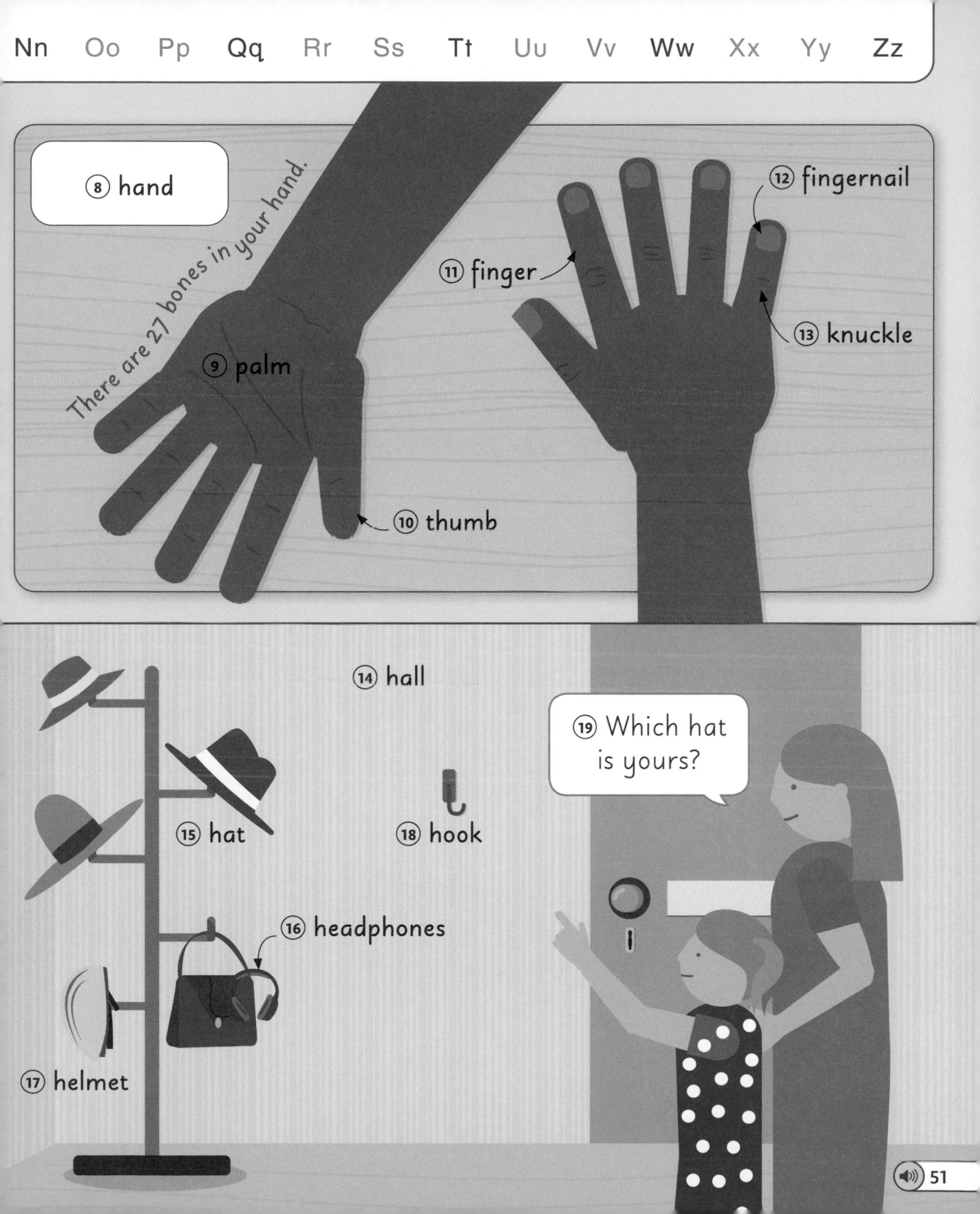
8 hand
There are 27 bones in your hand.
9 palm
10 thumb
11 finger
12 fingernail
13 knuckle
14 hall
15 hat
16 headphones
17 helmet
18 hook
19 Which hat is yours?

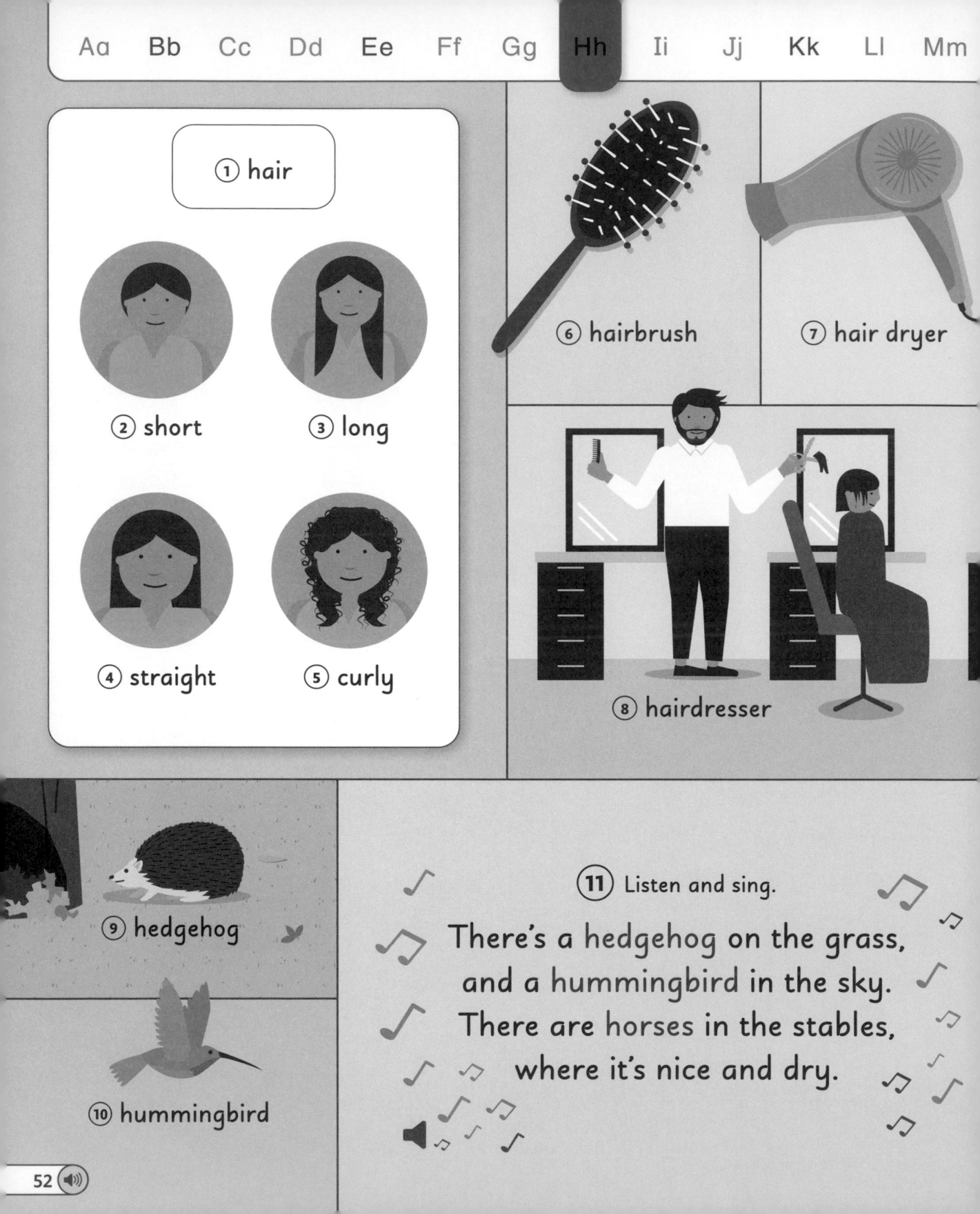

⑪ Listen and sing.

There's a hedgehog on the grass,
and a hummingbird in the sky.
There are horses in the stables,
where it's nice and dry.

12 horse riding
13 hill
14 hay
15 horse
16 hoof
17 hit
18 hide
19 hop
5
6
7
9
10
20 hug

① health

② hospital

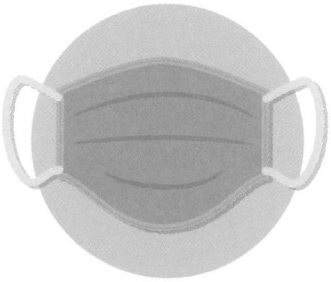

③ mask

④ elastic wrap

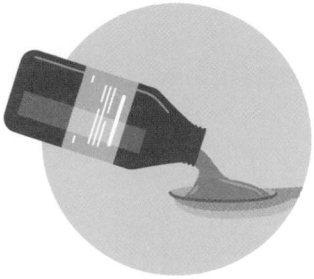

⑤ medicine

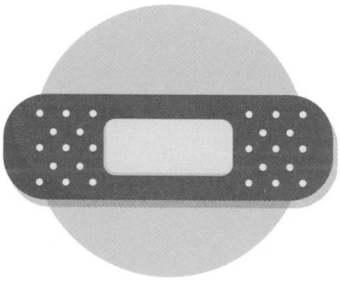

⑥ adhesive bandage

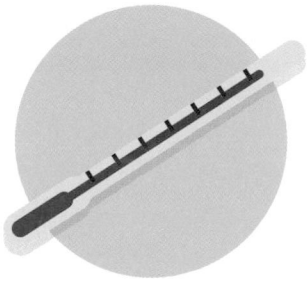

⑦ thermometer

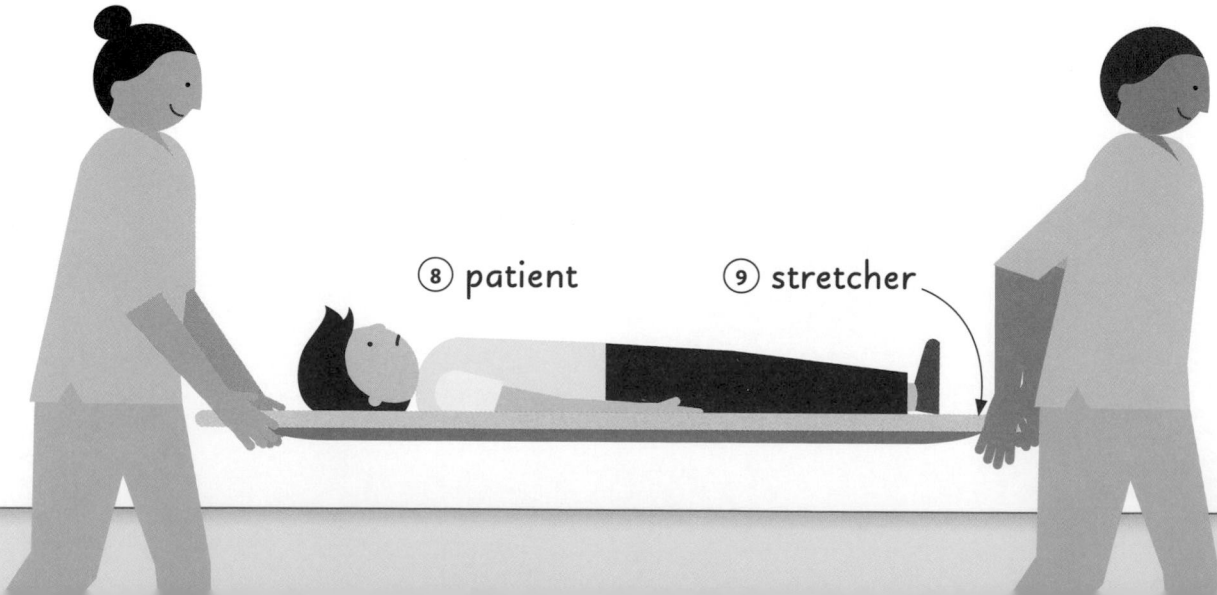

⑩ cold

⑪ sick

⑫ cough

⑬ stomachache

⑭ earache

⑮ headache

⑯ sore

⑰ nauseated

⑱ sneeze

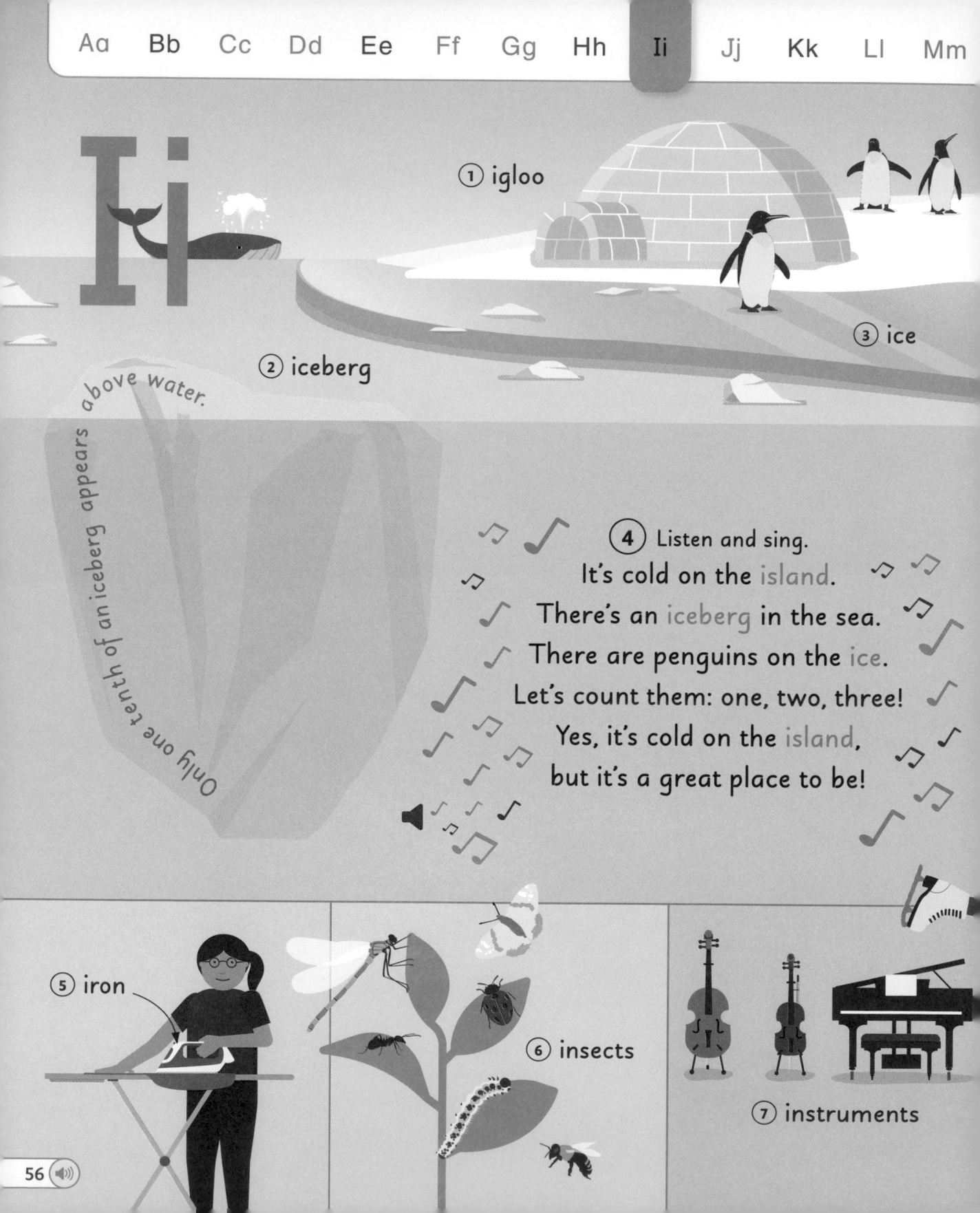
Ii
1 igloo
2 iceberg
3 ice
Only one tenth of an iceberg appears above water.
4 Listen and sing.
It's cold on the island.
There's an iceberg in the sea.
There are penguins on the ice.
Let's count them: one, two, three!
Yes, it's cold on the island,
but it's a great place to be!
5 iron
6 insects
7 instruments

8 ice-cream truck
9 ice pop
10 ice cream
11 ice rink
16
12 ice hockey
13 ice-skating
14 I am good at ice-skating!
15 ice skate
16 island

Jj

① jaguar
② jungle

Some jellyfish glow in the dark.
③ jellyfish

④ jobs

⑤ jigsaw puzzle

⑥ jump

13 Listen and sing.

There's a jaguar in the jungle.
There's a jellyfish in the sea.
There's a glass of
juice on the table...
please leave some for me!

③ Listen and sing.

The king keeps his keys in his pocket.
The cat keeps her kitten by her side.
Kangaroos keep their joeys in a pouch,
so the babies are comfortable inside.

4 kitchen
5 kettle
6 kiwi
7 knife
8 kitten
9 king
10 key
11 key ring
12 kite
13 knit
14 kick

Ll
① lizard
② leopard
③ leaf
④ Listen and sing.
Lions love to sleep in the sun.
Leopards like to go for a run.
Lizards climb trees and
hide under rocks.
If you look closely you
might find one!
⑤ ladybug
⑥ lion
Lions sleep for up to 20 hours a day!
ZZZZ

7 lights
8 living room
9 letter
10 laptop
Aa Bb Cc
11 letters
12 listen
13 I like to learn!

① laugh
② lift
③ lighthouse
④ There's a lobster on the sand.
⑤ land
⑥ lifeguard
⑦ life jacket
Lobsters don't have brains.
⑧ lobster

9 lollipop
10 Let's eat lunch!
11 lettuce
12 lemonade
13 lime
14 lemon
15 llama
16 lake
17 lamb
18 library
19 ladder
20 librarian

Mm
① Where is the museum?
② museum
③ movie theater
④ mail carrier
⑤ mailbox
⑥ map
⑦ mole
⑧ mouse
⑨ mud
⑩ monster
⑪ match
⑫ mirror
⑬ magician

14 months of the year

15 January	16 February	17 March	18 April
19 May	20 June	21 July	22 August
23 September	24 October	25 November	26 December

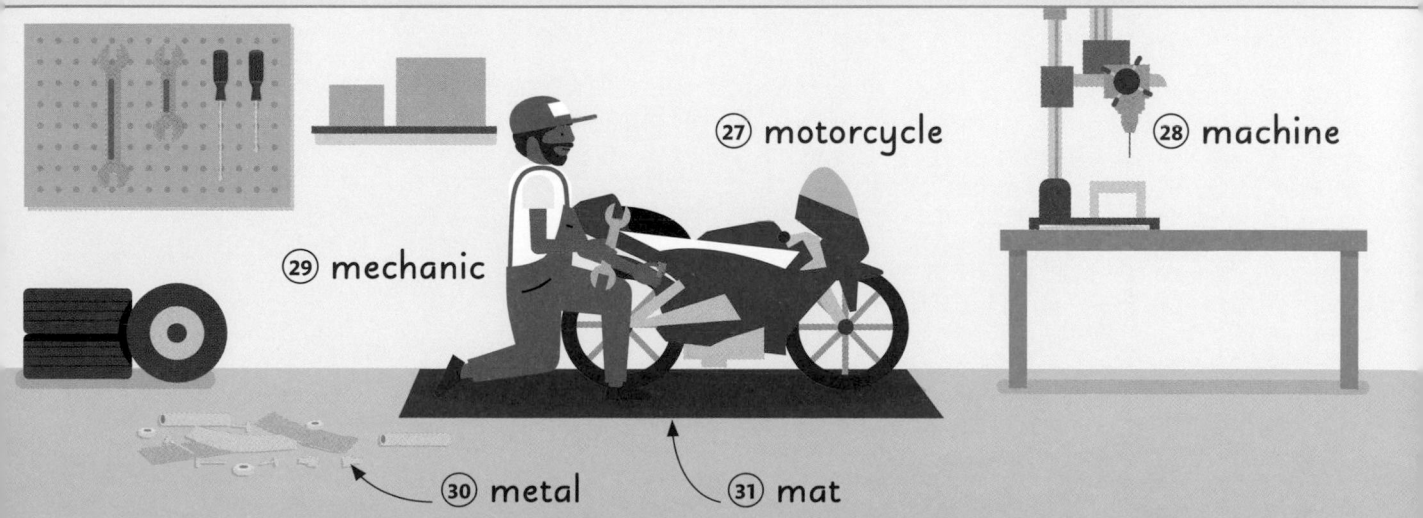

① meat
② mushroom
③ mango
④ melon
⑤ market
⑥ Listen and sing.
I buy food at the market:
mushrooms, melon, and meat.
I take it home and I make a meal
for Maria and Ben to eat.
⑦ movie
⑧ moon
⑨ This is my favorite movie!
⑩ music
⑪ musician
⑫ I really like the music.
⑬ Me too!

14 mug
15 menu
16 meal
17 magazine
18 money
19 milk
20 milkshake
21 mountain
22 monkey
A group of meerkats is called a mob.
23 meerkat

Nn

1 Listen and sing.

I can count up to twenty.
I really like the number nine.
I write all the numbers in my notebook
at night when the stars all shine.

2 night

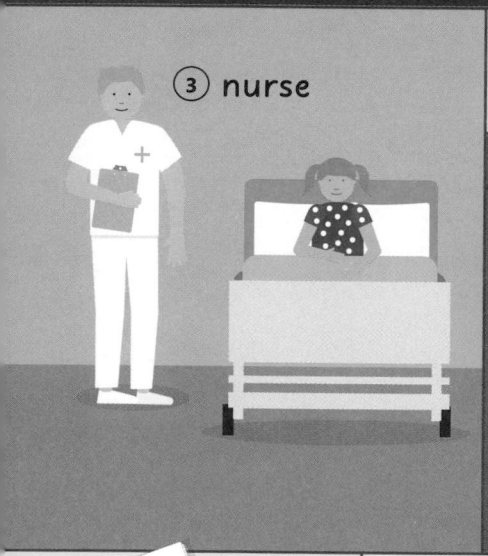

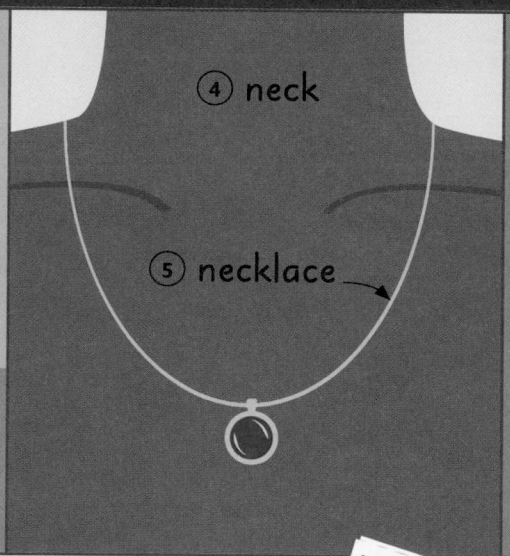

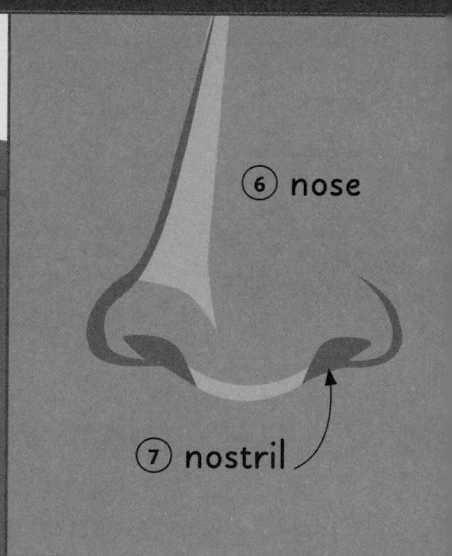

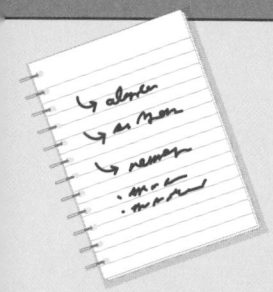
8 notebook

9 nuts

10 newspaper

11 nest

(12) numbers

1	2	3	4	5
(13) one	(14) two	(15) three	(16) four	(17) five
6	7	8	9	10
(18) six	(19) seven	(20) eight	(21) nine	(22) ten
11	12	13	14	15
(23) eleven	(24) twelve	(25) thirteen	(26) fourteen	(27) fifteen
16	17	18	19	20
(28) sixteen	(29) seventeen	(30) eighteen	(31) nineteen	(32) twenty

Oo
① oar
② ocean
Octopuses have blue blood.
③ octopus
④ I'm making a salad.
⑤ orange
⑥ olive
⑦ oven
⑧ onion

15 Listen and sing.

There's a stream at the bottom of the hill,
where some otters swim around.
There's an owl in a tree looking at me,
making his odd little sound
(tu-whit, tu-whoo),
making his odd little sound.

Pp
1 pineapple
2 pear
3 plum
4 peach
5 potato
6 pumpkin
7 pea
8 pepper
Polar bears have black skin.
9 penguin
10 polar bear

⑫ pig
⑬ push
⑪ pony
⑭ pull
⑮ post office
⑯ police station
⑱ parking garage
⑰ police car
⑲ I've got a parcel.
⑳ package
㉑ police officer

① piano
② I love playing the piano!
③ painting
④ photo
⑤ poster
⑥ plant
⑦ pot
⑧ pillow
⑨ puppet
⑩ play
⑪ paintbrush
⑫ printer
⑬ phone
⑭ paint

15 What do you like on your pizza?
16 pizza
17 plate
18 pasta
19 pepper
20 pocket
21 pajamas
22 pattern
23 plain

① paper
② planner
③ pencil
④ pencil case
⑤ pen
⑥ party
⑦ present
⑧ perfume
⑨ paint
⑩ panda
Pandas eat for up to 14 hours a day.

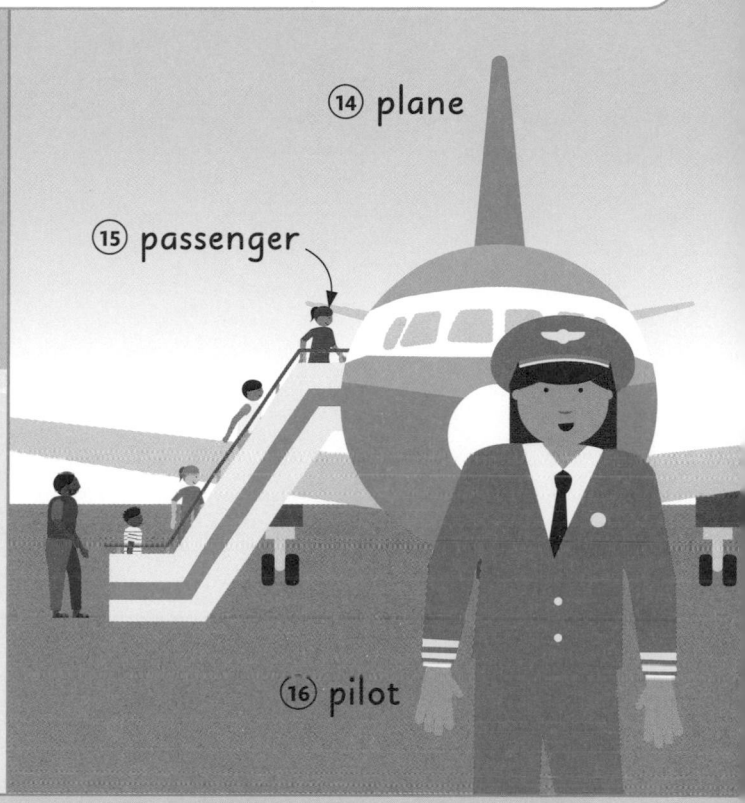

17 people

19 boy

20 man

21 men

18 children

22 girl

23 woman

24 women

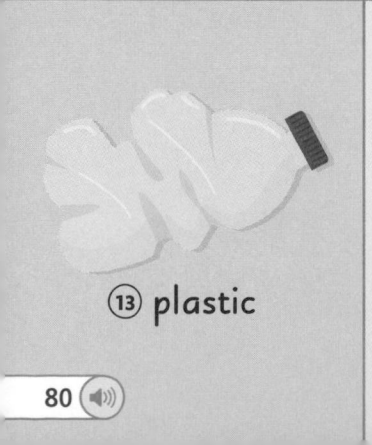
⑬ plastic

⑭ pie

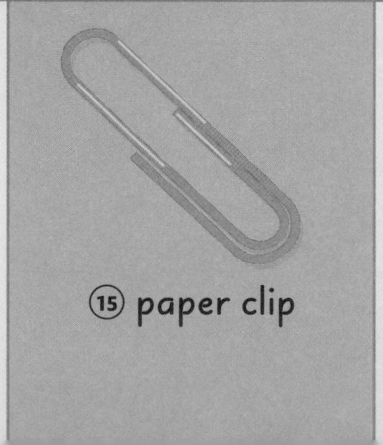
⑮ paper clip

⑯ popcorn

7 Listen and sing.

Let's have a picnic in the park!
There's not a cloud in the sky.
The puppy can run,
you can play and have fun,
and I'll make a pumpkin pie.

1 planets
2 Jupiter
3 Mercury
4 sun
5 Neptune
6 Earth
7 Uranus
8 Mars
9 Venus
10 Saturn
11 palace
12 peacock
13 princess
14 prince

Qq

16 Listen and sing.

Quick! Come and see the queen
sitting on her golden throne!
The prince and princess
are happy when their mother's home.

Rr
1 raccoon
2 river
3 reindeer
4 rock
5 rabbit
6 rope
7 ribbon
8 race
9 run
10 ruler

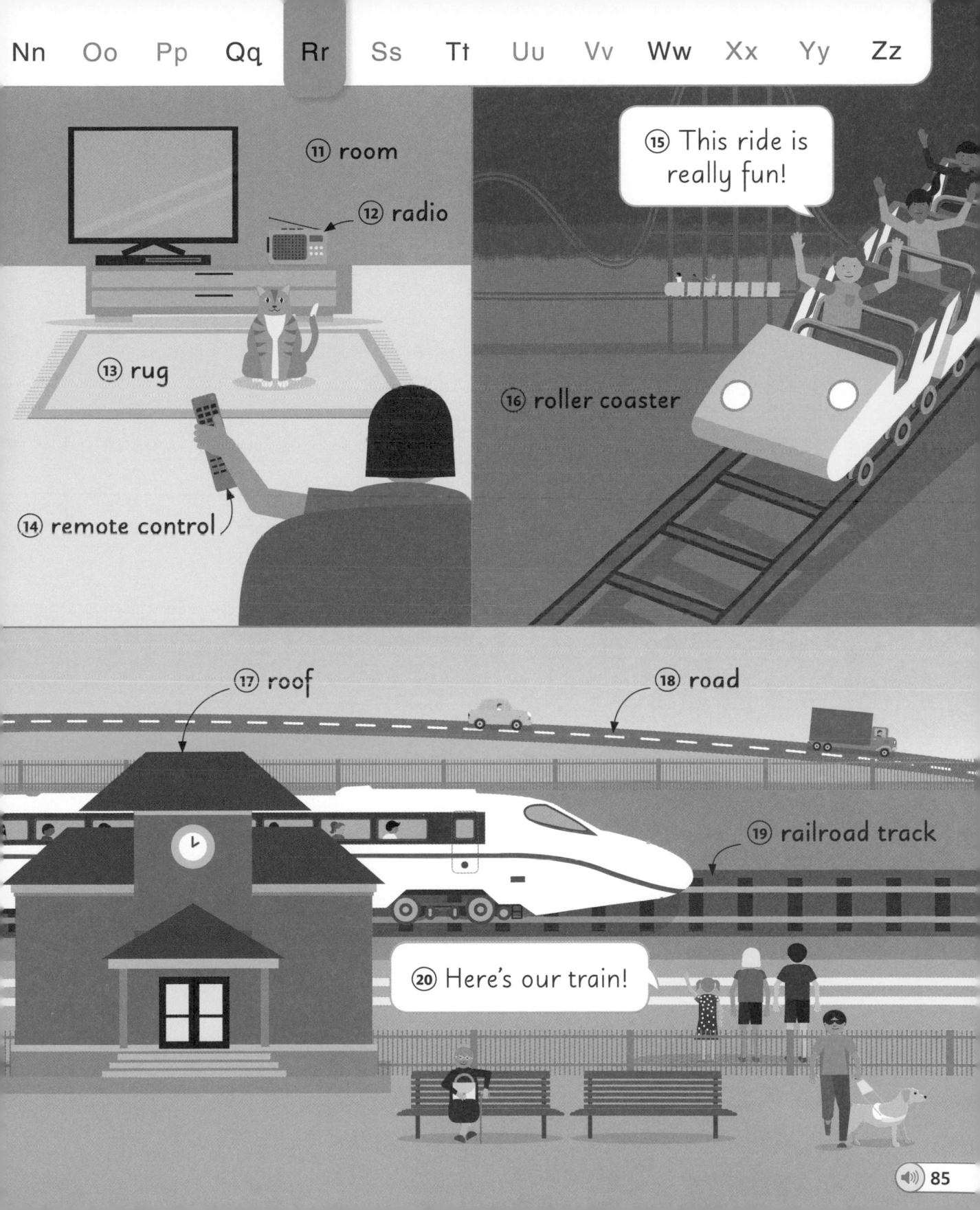
⑪ room
⑫ radio
⑬ rug
⑭ remote control
⑮ This ride is really fun!
⑯ roller coaster
⑰ roof
⑱ road
⑲ railroad track
⑳ Here's our train!

① I always recycle bottles.
② recycle
③ raspberries
④ rice
⑤ ring
⑥ raisins
⑦ restaurant
⑧ rain
⑨ rainbow
⑩ raincoat

⑬ rocket
⑪ rocking horse
⑫ This is a story about rockets.
⑭ read
⑮ race car
⑯ roller skates
⑰ robot
⑱ Listen and sing.
It's raining outside
but I am ready.
I'm wearing my raincoat
so I can stay dry.
I'll put on my roller skates
and roll through the puddles,
while looking at the
rainbow in the sky!
⑲ rainforest
⑳ rhinoceros

Ss
1 sun
2 space
3 spaceship
4 stars
5 Saturn
12 ski
13 sled
14 snowman
15 scarf
16 sweater
17 snowboard

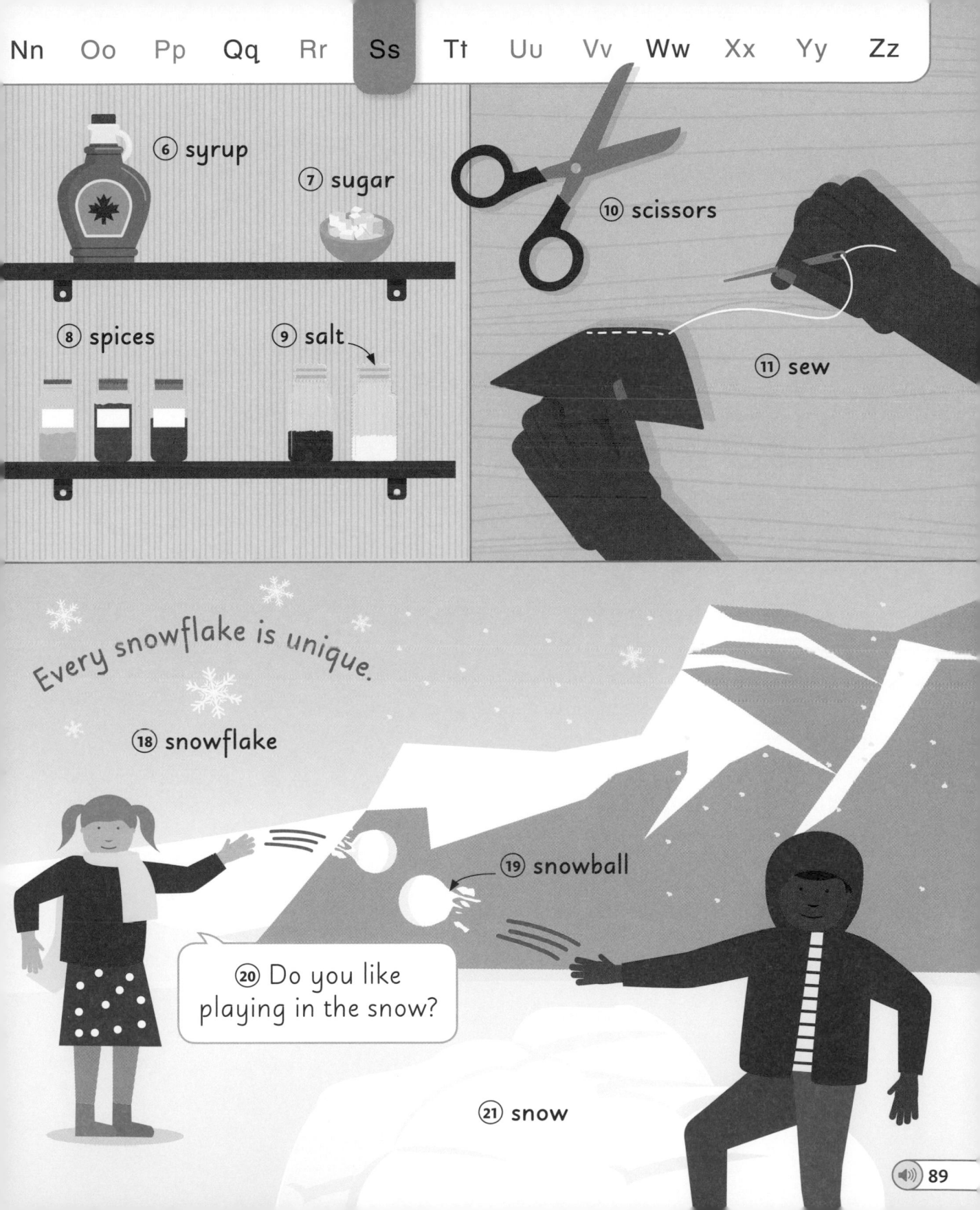
6 syrup
7 sugar
8 spices
9 salt
10 scissors
11 sew
Every snowflake is unique.
18 snowflake
19 snowball
20 Do you like playing in the snow?
21 snow

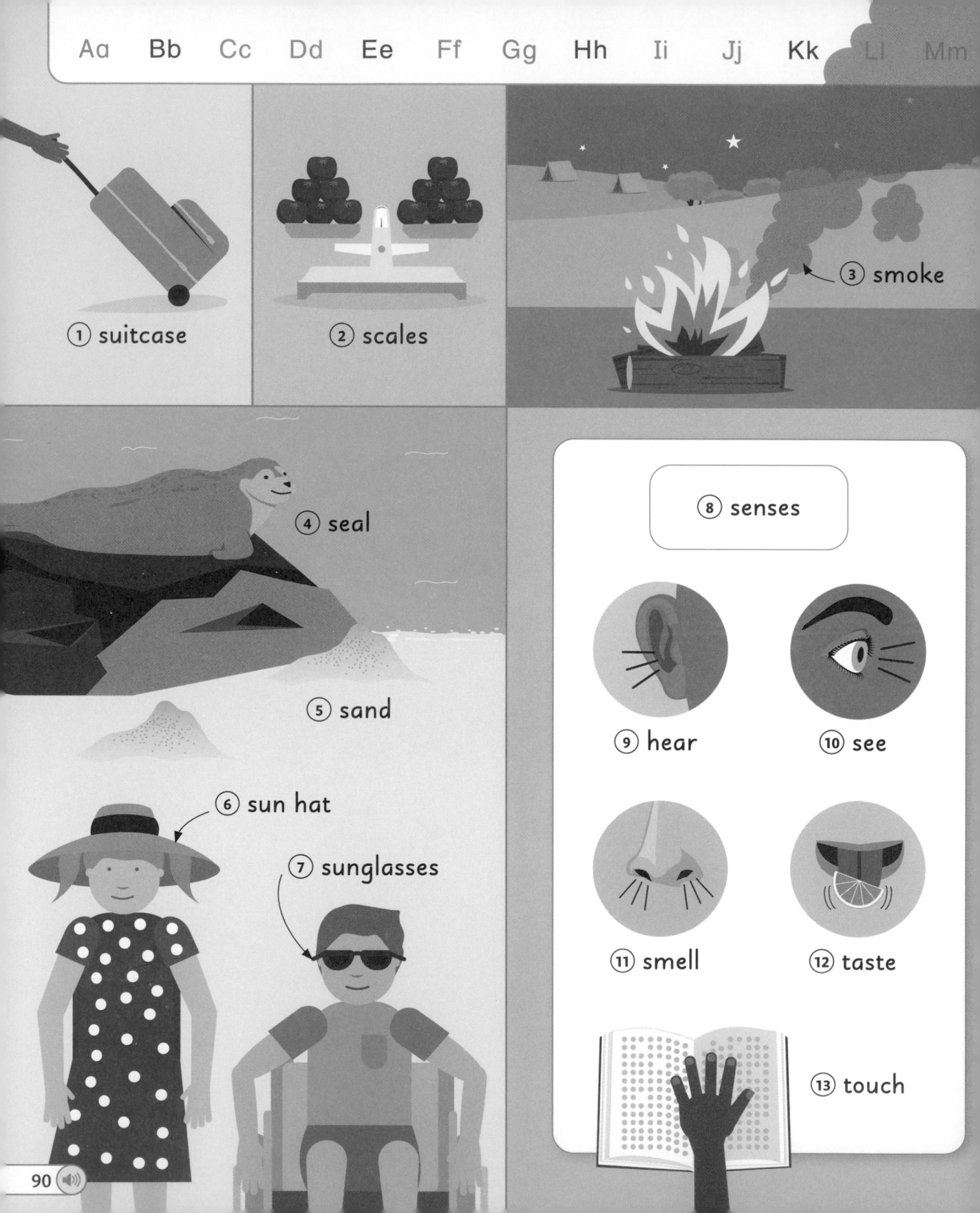
1 suitcase
2 scales
3 smoke
4 seal
5 sand
6 sun hat
7 sunglasses
8 senses
9 hear
10 see
11 smell
12 taste
13 touch

14 swimming pool
15 swim
16 Swimming is my favorite sport!
17 swimsuit
18 sleeping bag
19 sleep
20 sausage
21 sauce
22 spaghetti

① Look! There's a yellow submarine!
② surf
③ surfboard
④ ship
⑤ submarine
⑥ scuba diver
⑦ sea
⑧ seaweed
⑨ starfish
⑩ shell

⑫ sailboat
⑪ How many fish can you see?
⑭ seagull
⑬ sail
⑮ shark
Sharks existed before dinosaurs.
⑯ stingray
⑰ seahorse

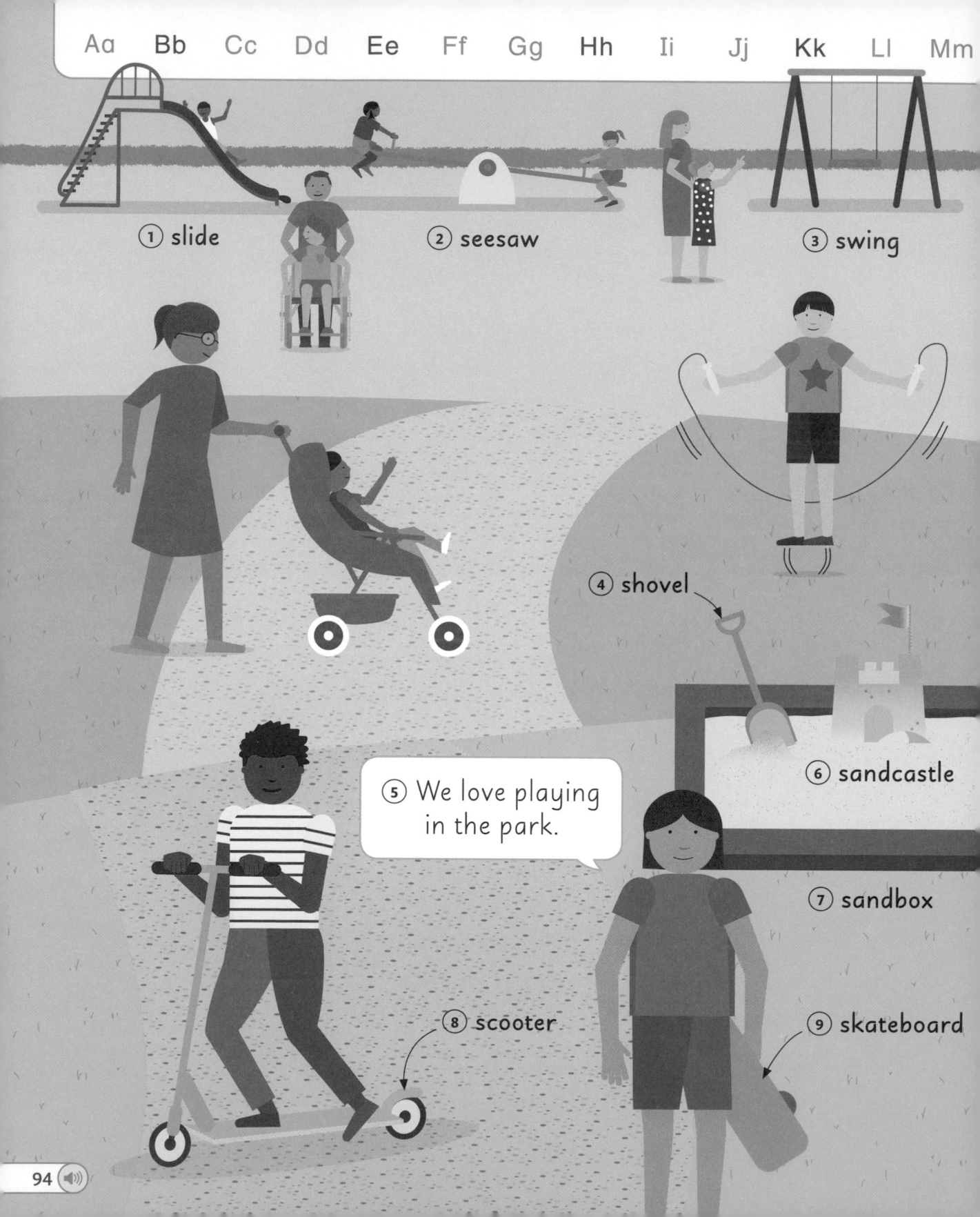
Aa Bb Cc Dd Ee Ff Gg Hh Ii Jj Kk Ll Mm
① slide
② seesaw
③ swing
④ shovel
⑤ We love playing in the park.
⑥ sandcastle
⑦ sandbox
⑧ scooter
⑨ skateboard

10 sing
12 Listen and sing.
The singer on the stage
is singing a super song.
It always makes me smile
when I can sing along!
13 song
11 singer
14 stage
15 seat
16 seatbelt
17 smile
18 storm

6 snake

7 story

8 stapler

9 stamp

⑩ seasons
⑪ spring
⑫ summer
⑬ fall
⑭ winter
⑮ salad
⑯ spinach
⑰ soup
⑱ spoon
⑲ sandwich

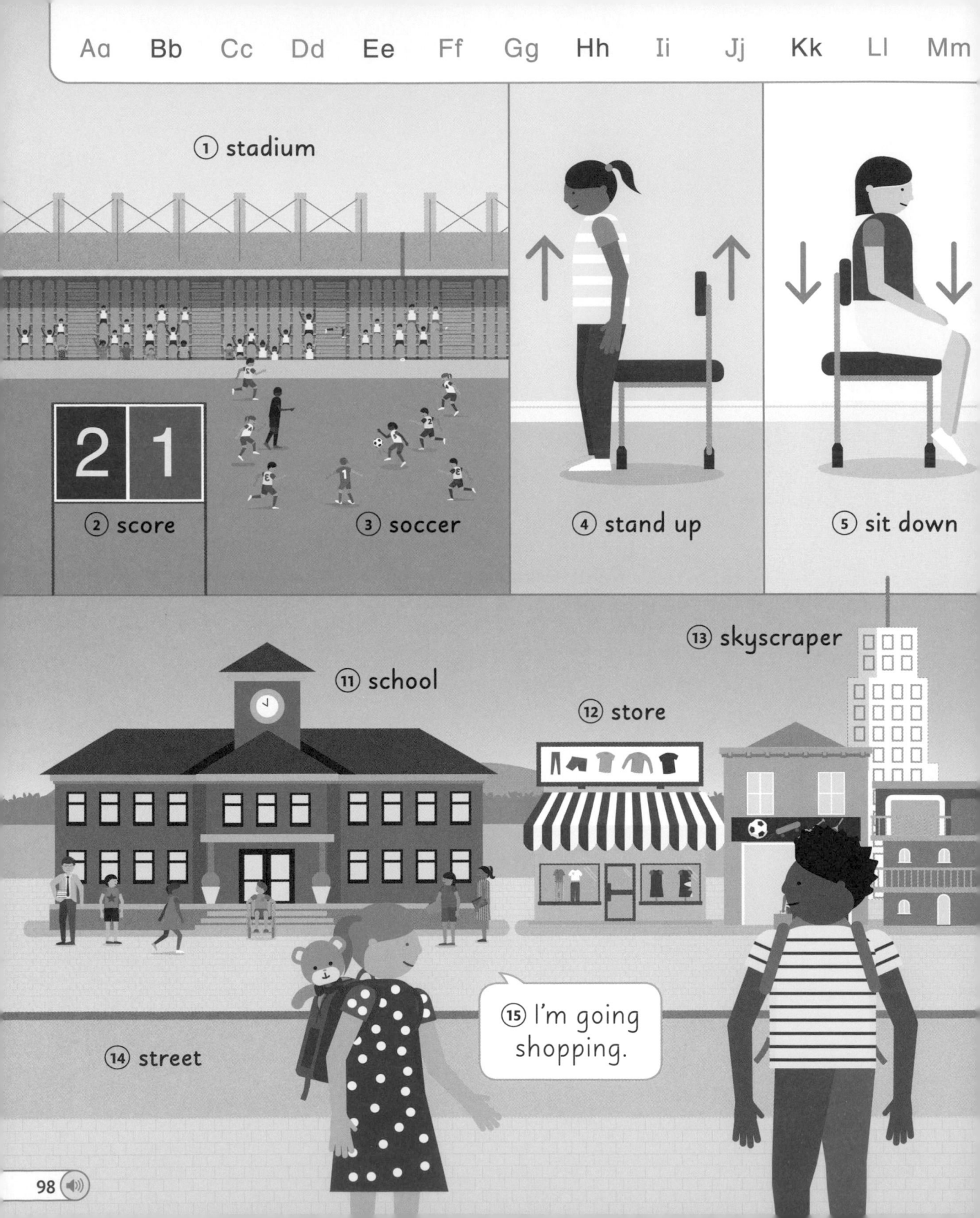
① stadium
2 1
② score
③ soccer
④ stand up
⑤ sit down
⑬ skyscraper
⑪ school
⑫ store
⑮ I'm going shopping.
⑭ street

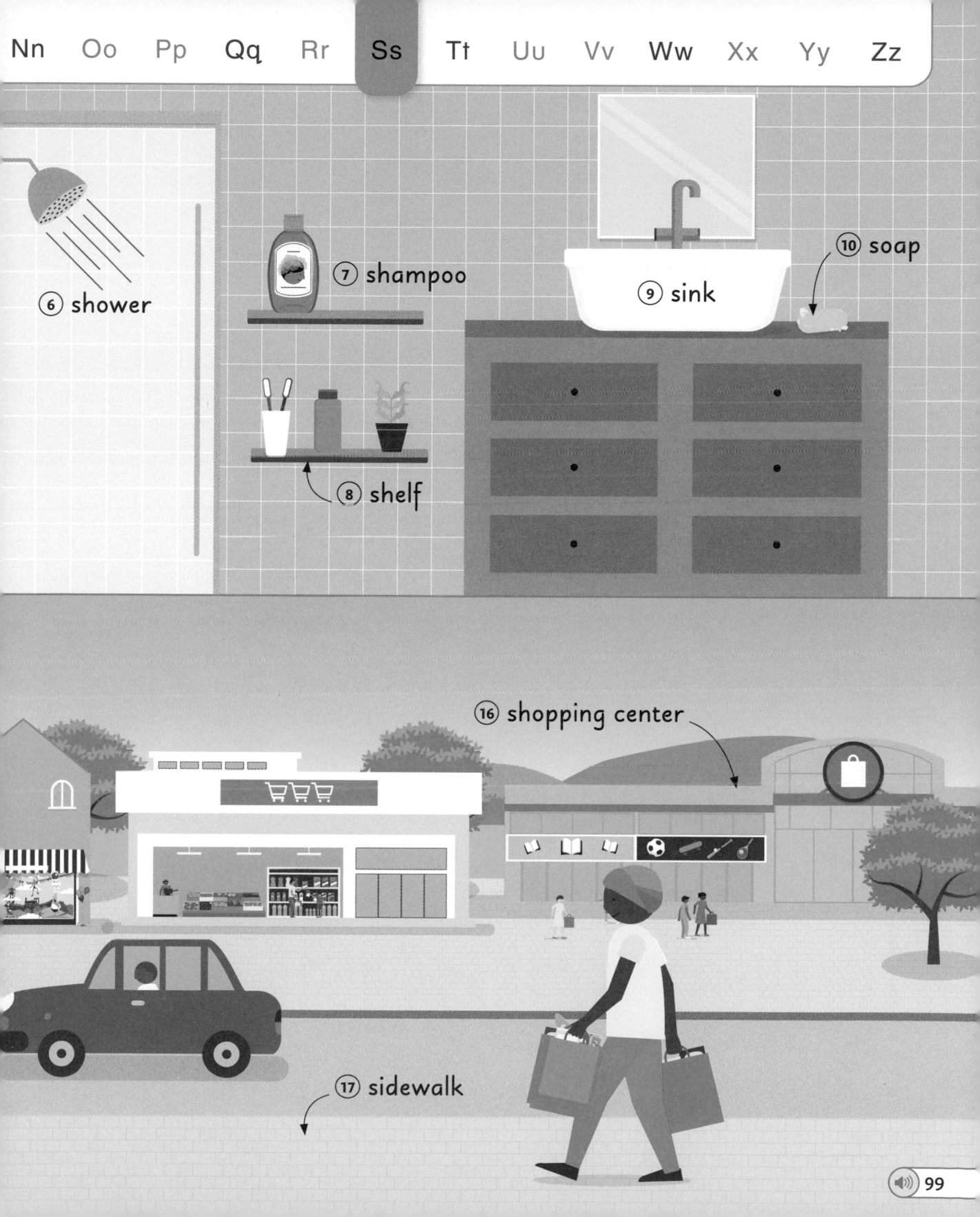
6 shower
7 shampoo
8 shelf
9 sink
10 soap
16 shopping center
17 sidewalk

① slug

② spade

③ shed

④ strawberry

⑤ stone

⑬ subjects

⑭ math

⑮ English

⑯ geography

⑰ languages

⑱ art

⑲ history

⑳ science

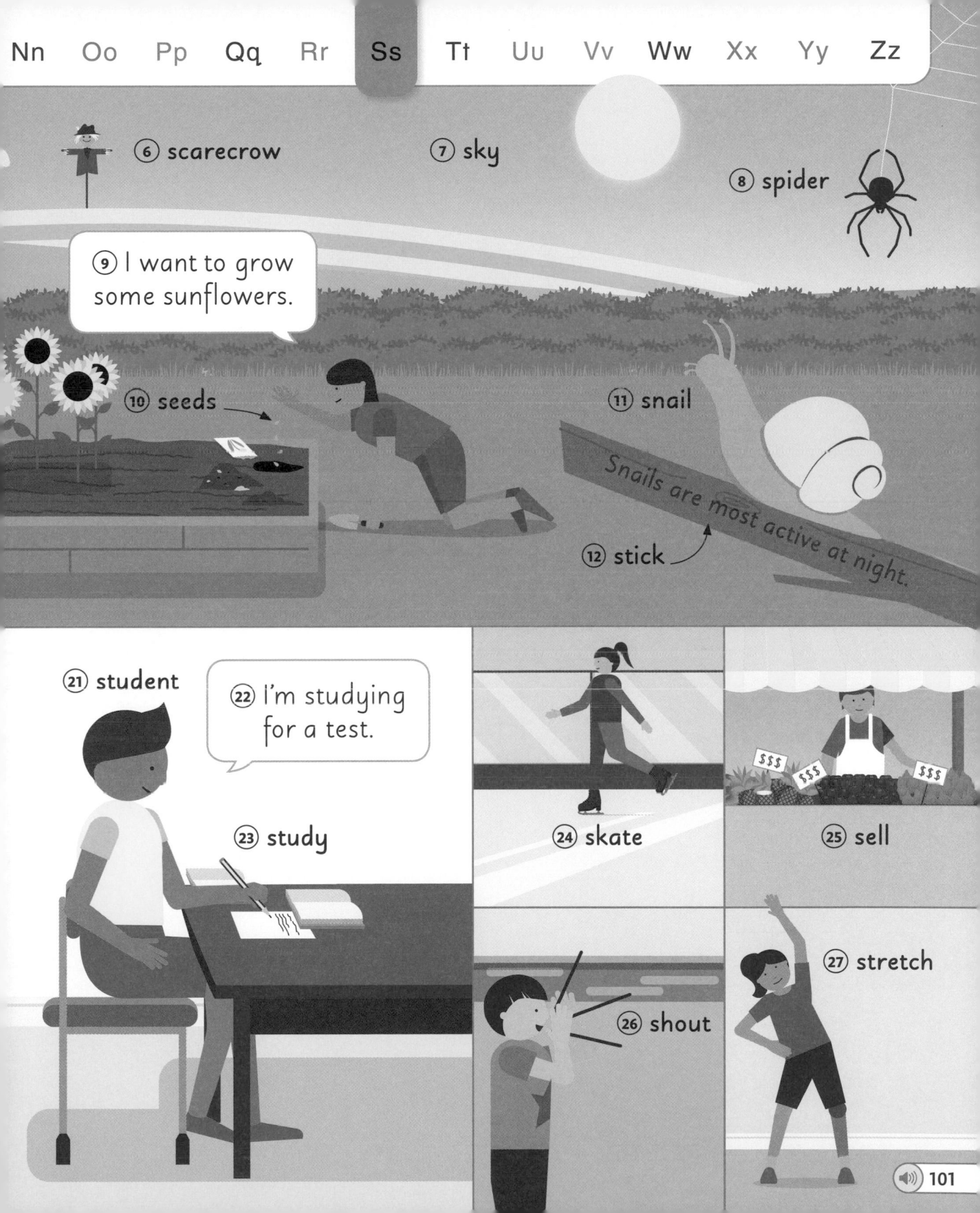
6 scarecrow
7 sky
8 spider
9 I want to grow some sunflowers.
10 seeds
11 snail
Snails are most active at night.
12 stick
21 student
22 I'm studying for a test.
23 study
24 skate
25 sell
$$$
26 shout
27 stretch

① shapes

② circle

③ semi-circle

④ sphere

⑤ oval

⑥ square

⑦ rectangle

⑧ cube

⑨ diamond

⑩ triangle

⑪ cone

⑫ heart

⑬ star

⑭ spell

⑮ score

⑯ sports

17 socks
18 shorts
19 skirt
20 shirt
21 sleeve
22 sneakers
23 shoes
24 shoelace
25 sandals
26 My slippers are next to the couch.
27 stairs
28 step
29 slippers

Tt
1 toad
Tadpoles turn into toads or frogs.
2 tadpole
3 tortoise
4 tools
5 screwdriver
6 drill
7 wrench
8 screw
9 nail
10 toolbox
11 hammer
12 tape measure

13 table
14 teapot
15 tea
16 toaster
17 toast
18 tablecloth
Every tiger has a different stripe pattern.
19 tiger
20 tail
21 trailer
22 telescope
23 tent

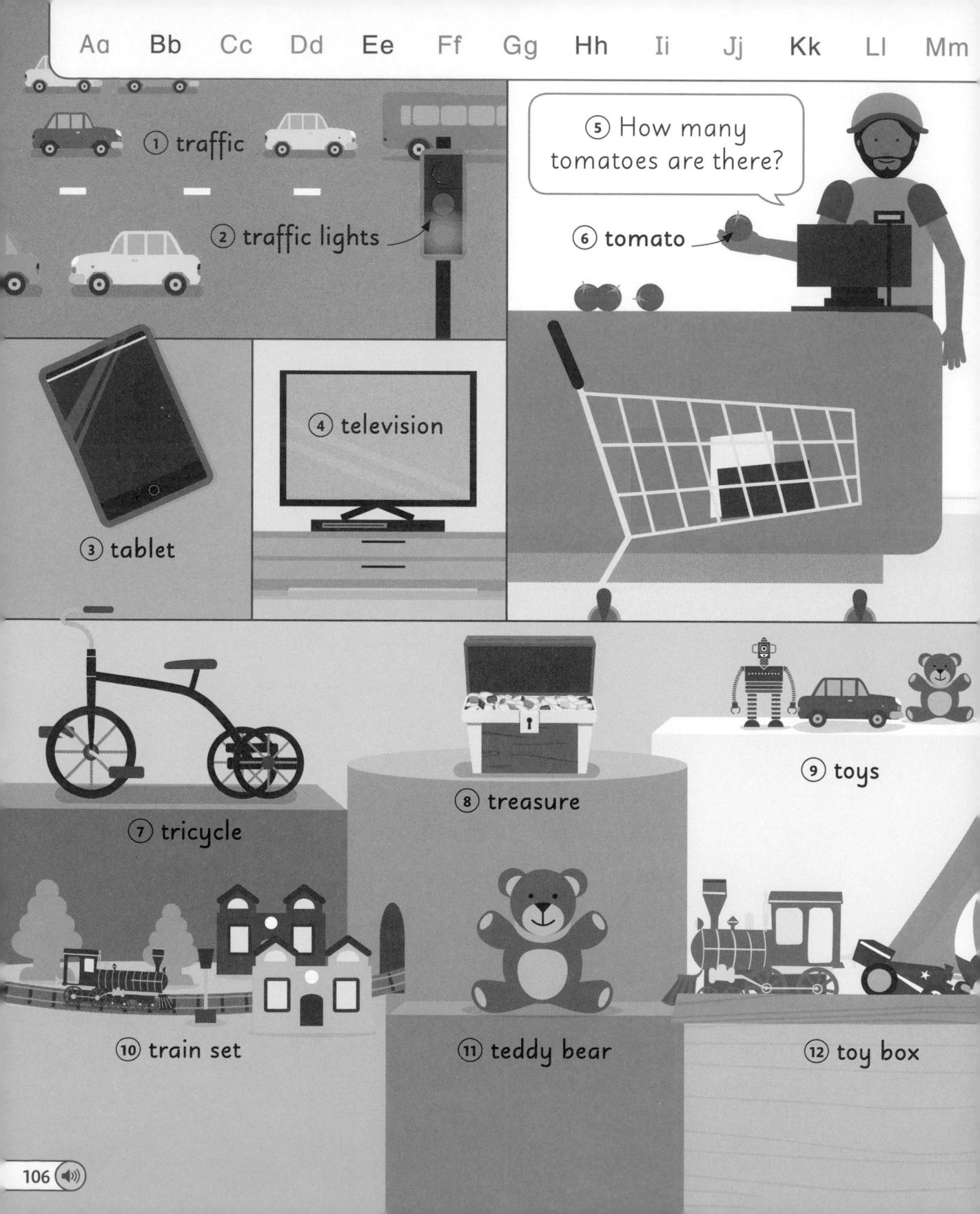
1 traffic
2 traffic lights
3 tablet
4 television
5 How many tomatoes are there?
6 tomato
7 tricycle
8 treasure
9 toys
10 train set
11 teddy bear
12 toy box

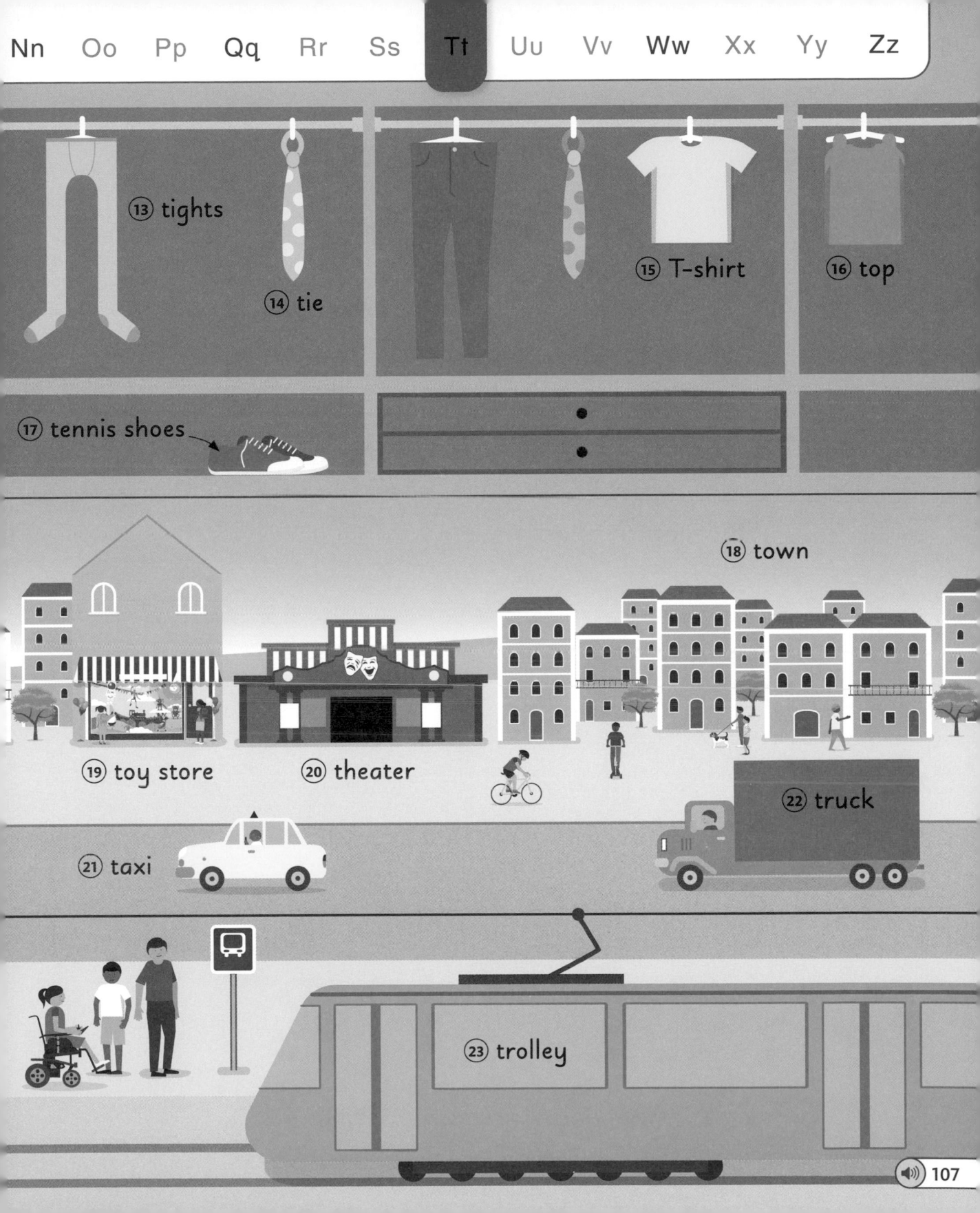
13 tights
14 tie
15 T-shirt
16 top
17 tennis shoes
18 town
19 toy store
20 theater
21 taxi
22 truck
23 trolley

1 turtle

2 throw

3 team

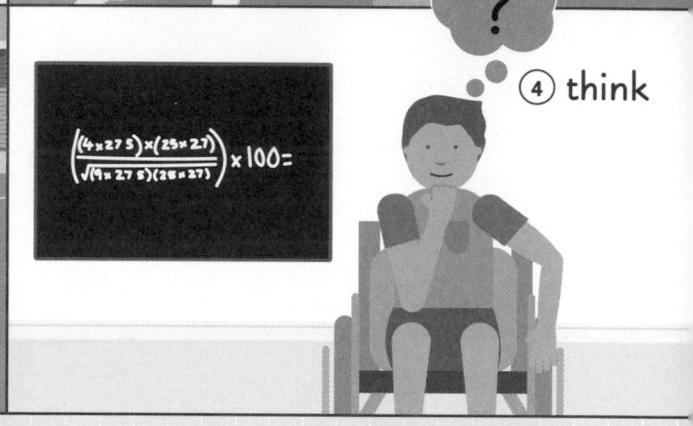
4 think

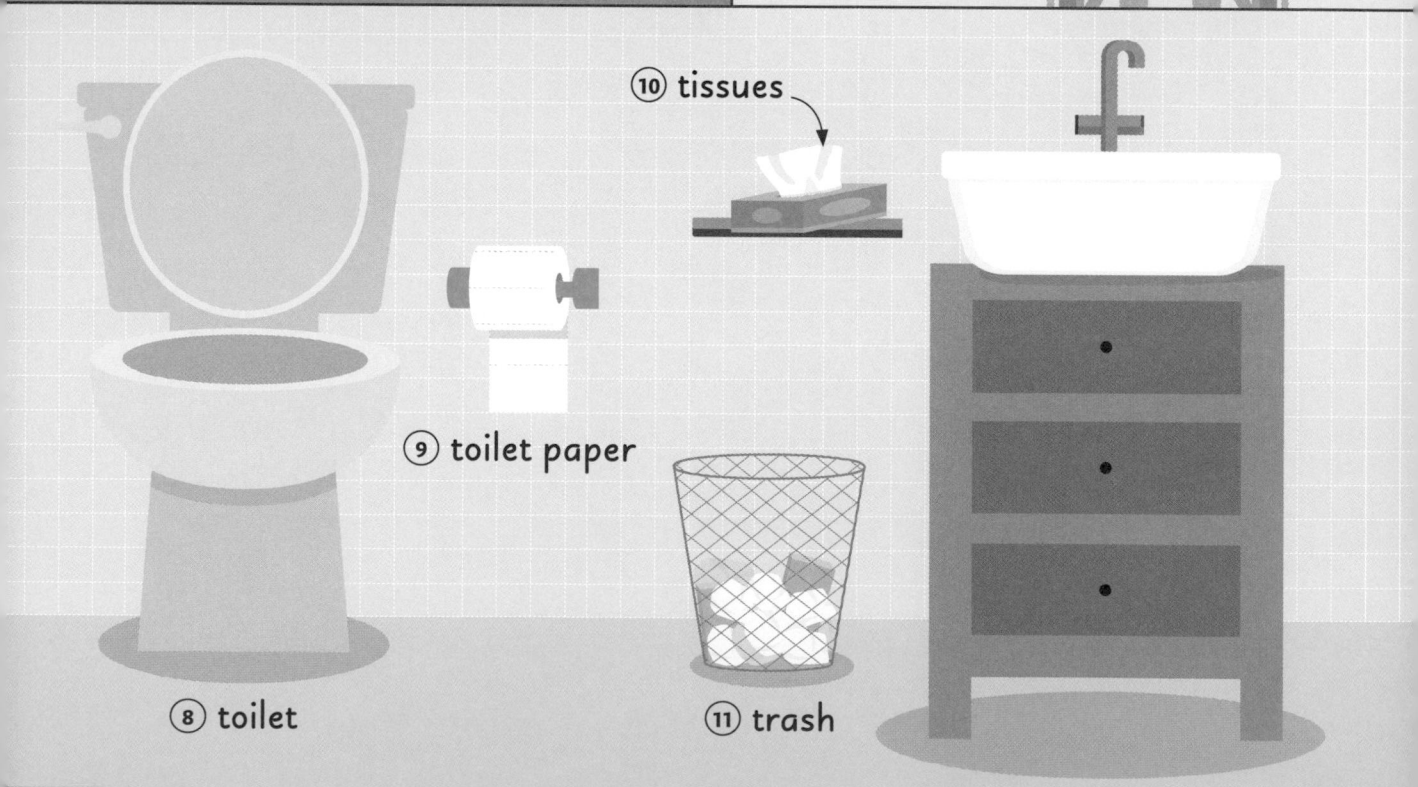
10 tissues
9 toilet paper
8 toilet
11 trash

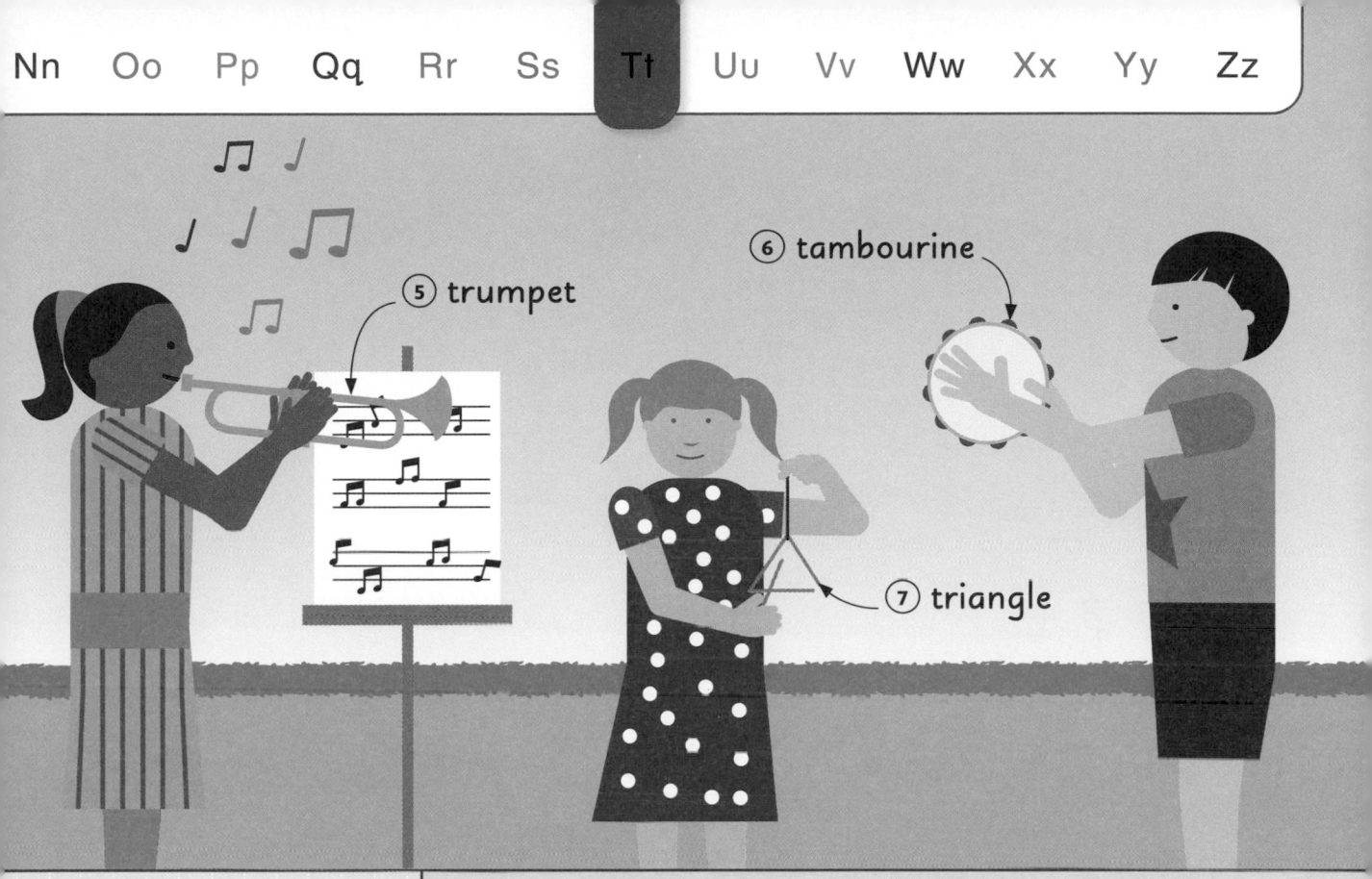

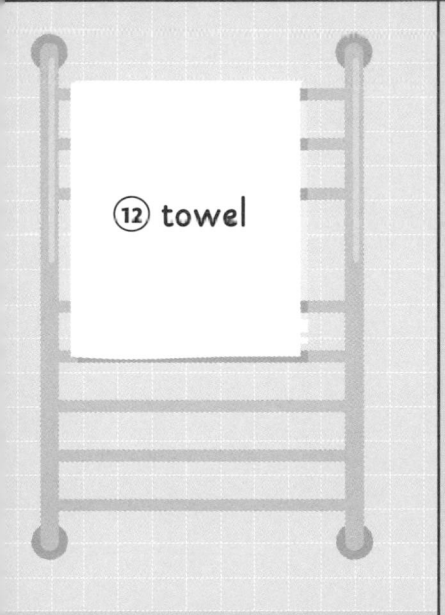

13 Listen and sing.

Sara plays the trumpet
(toot-toot).
Andy plays the tambourine
(tap-tap).
Maria plays the triangle
(ting-a-ling).
They make a great team
(clap-clap)!

② tennis racket
① tennis
Aa Bb Cc
③ teacher
④ tunnel
⑤ train
⑥ train station
⑦ timetable
10:01:31
⑧ What time is our train?
⑨ ticket

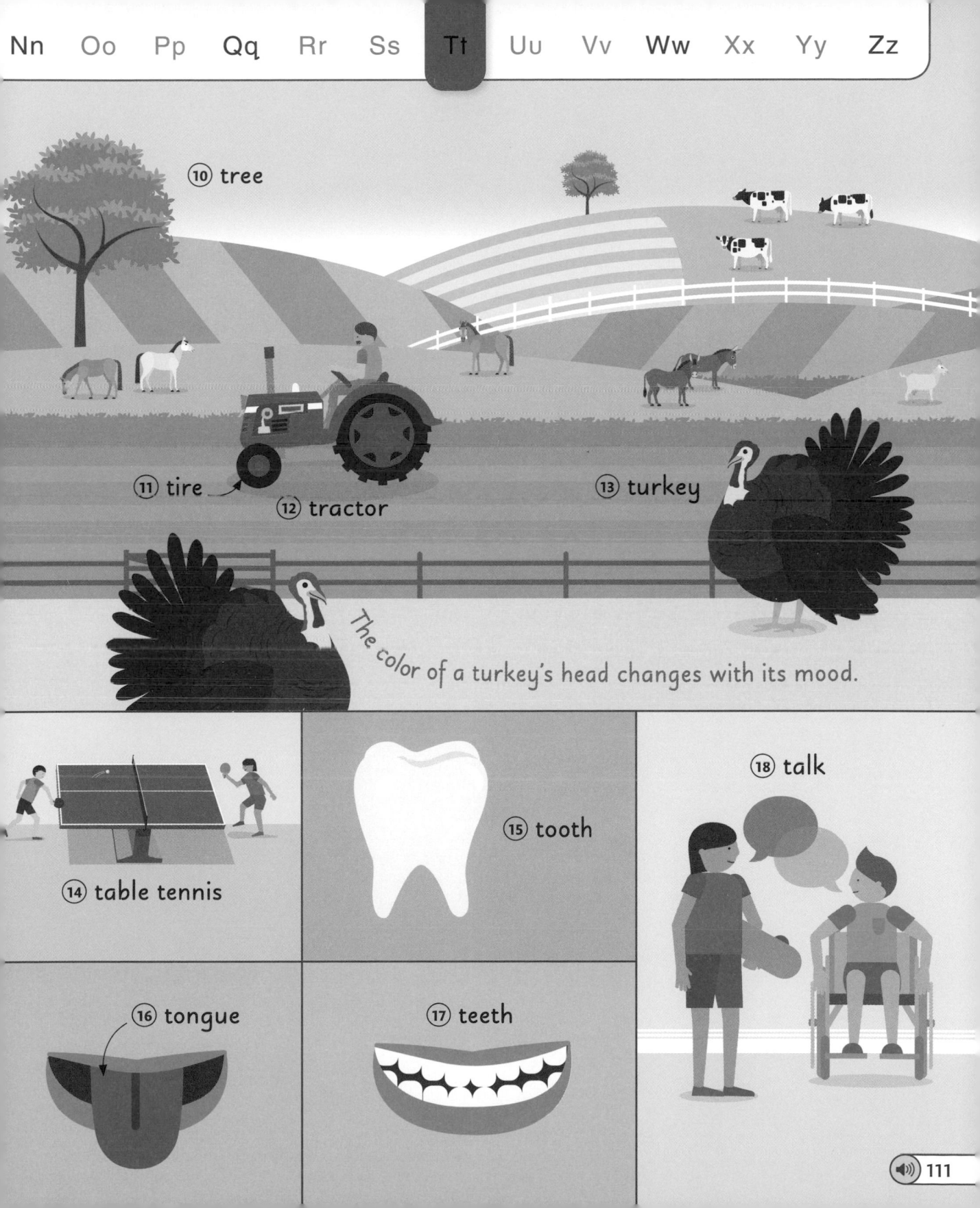
10 tree
11 tire
12 tractor
13 turkey
The color of a turkey's head changes with its mood.
14 table tennis
15 tooth
16 tongue
17 teeth
18 talk

Uu
1 umbrella
2 university
3 unicorn
4 underwear
Vv
5 Listen and sing.
Can you see the volcano?
It's very, very hot.
There's fire and smoke
and lots of noise.
I like volcanoes a lot!
6 volcano

7 view
8 video game
9 vase
10 vet
11 volleyball
12 village
13 van
14 vegetables
Violin bows are made of horsehair.
15 violin

Ww
① What lovely watermelons!
② wasp
③ watermelon
④ wheelbarrow
⑤ watering can
⑥ water
⑦ worm
Worms breathe through their skin.
⑧ write
Aa Bb Cc
⑨ whistle
⑩ whisper

11 weather
12 sunny
13 cloudy
14 rainy
15 windy
16 foggy
17 snowy
18 stormy
19 waiter
20 wheelchair
21 wheel
22 washing machine
23 wallet
24 watch
25 water

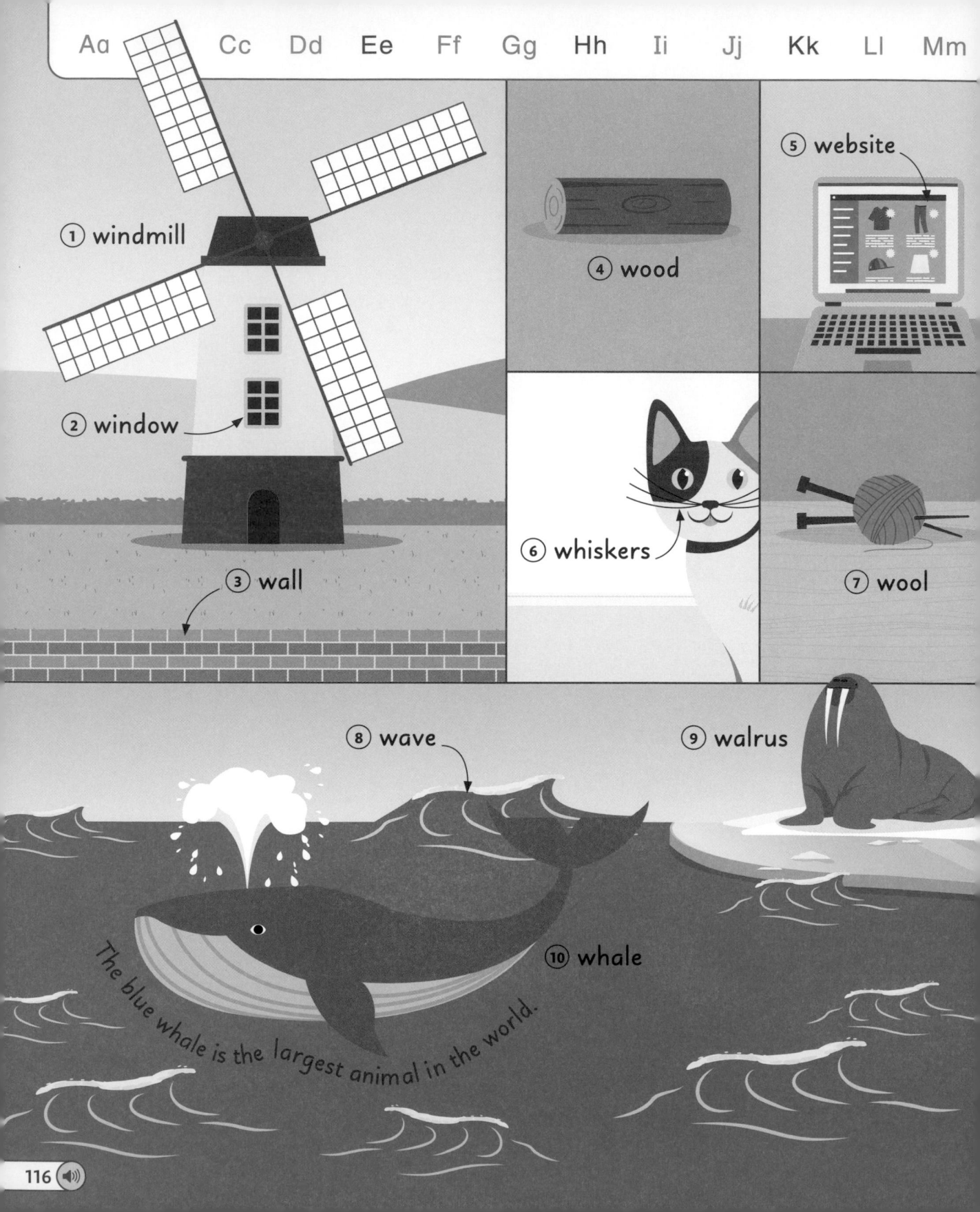
1 windmill
2 window
3 wall
4 wood
5 website
6 whiskers
7 wool
8 wave
9 walrus
10 whale
The blue whale is the largest animal in the world.

11 waterfall
12 woods
13 Listen and sing.
There's a wolf by the river.
There's a woodpecker in the tree.
The waterfall comes pouring down.
What else can you see?
14 wolf
15 wing
16 woodpecker
17 wave
18 walk
19 watch
20 wash

Xx
① X-ray
② xylophone
Yy
③ yard
④ yoga
⑤ yawn
⑥ yo-yo
⑦ yacht
⑧ yogurt

Zz

9 zoo

10 zebra

ZOO

11 Listen and sing.

It's a lovely day!
What shall we do?
Let's play the xylophone,
then go to the zoo.
I can see a zebra
and there's a lion, too!
I end the day with yoga.
What about you?

Numbers

0
① zero

10
② ten

20
③ twenty

30
④ thirty

40
⑤ forty

50
⑥ fifty

60
⑦ sixty

70
⑧ seventy

80
⑨ eighty

90
⑩ ninety

91
⑪ ninety-one

92
⑫ ninety-two

93
⑬ ninety-three

94
⑭ ninety-four

95
⑮ ninety-five

96
⑯ ninety-six

97
⑰ ninety-seven

98
⑱ ninety-eight

99
⑲ ninety-nine

100
⑳ one hundred

1 000
㉑ one thousand

1 000 000
㉒ one million

In the classroom

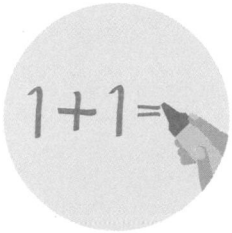

23 add

24 answer

25 ask

26 color in

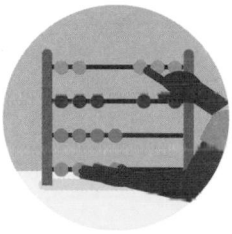

27 count

28 listen

29 look at

30 point

31 read

32 repeat

33 spell

34 write

Time

① clock

② hour

③ minute

④ second

⑤ noon

⑥ midnight

⑦ day

⑧ week

⑨ weekend

⑩ month

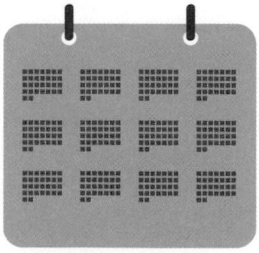

⑪ year

Prepositions

⑬ on

⑭ in

⑮ next to

⑯ behind

⑰ over

⑱ under

⑲ between

⑳ in front of

Directions

㉑ left

㉒ right

㉓ up

㉔ down

Positions

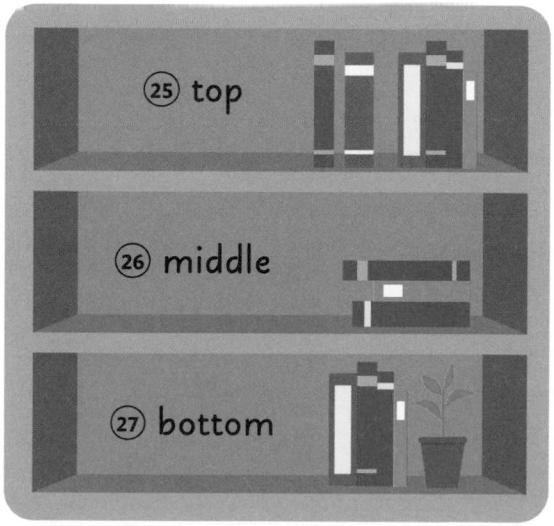

Useful phrases

Feelings

⑬ happy

⑭ sad

⑮ surprised

⑯ angry

⑰ scared

⑱ excited

⑲ thirsty

⑳ hungry

㉑ shy

㉒ relaxed

㉓ worried

㉔ bored

Opposites

① above

② below

③ young

④ old

⑤ easy

⑥ difficult

⑦ light

⑧ heavy

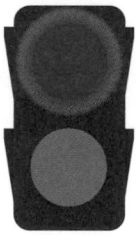

⑨ stop

⑩ go

⑪ cheap

⑫ expensive

⑬ few

⑭ many

⑮ front

⑯ back

17 near

18 far

19 inside

20 outside

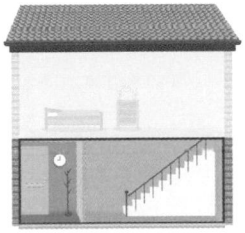

21 downstairs

22 upstairs

23 like

24 don't like

25 hot

26 cold

27 strong

28 weak

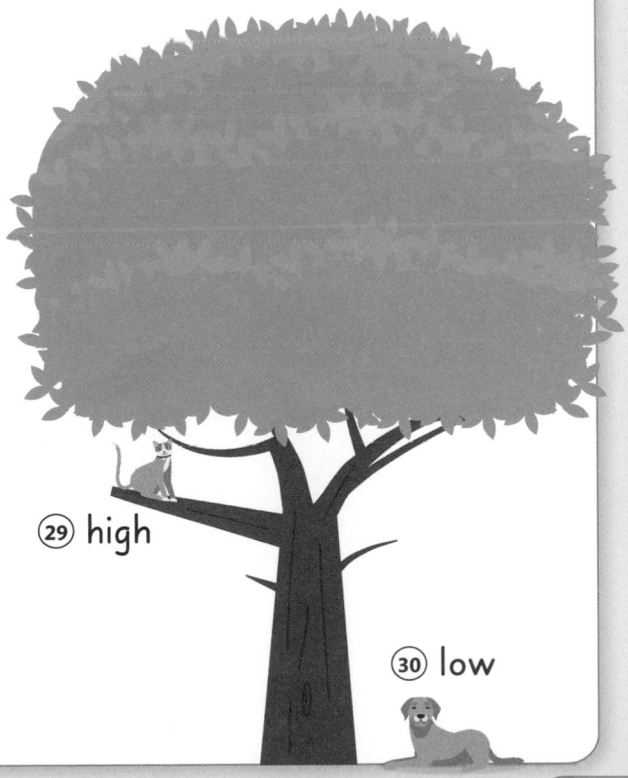

29 high

30 low

Opposites (continued)

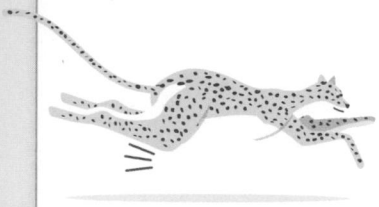

① fast

② slow

③ same

④ different

⑤ dark

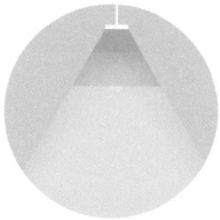

⑥ light

⑦ closed

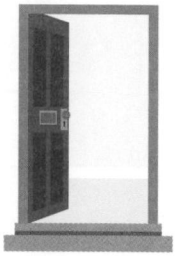

⑧ open

⑨ new

⑩ old

⑪ good

⑫ bad

⑬ empty

⑭ full

⑮ hard

⑯ soft

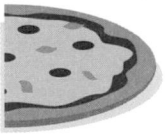

(17) big (18) small (19) whole (20) half

(21) dry (22) wet (23) dirty (24) clean

(25) quiet (26) loud (27) short (28) tall

Word List

Each word is followed by the number of the page it appears on.

KEY

adj	adjective
n	noun
num	number
prep	preposition
pron	pronoun
v	verb

A

above *adj* 126
action figure *n* 12
actor *n* 13
add *v* 121
address *n* 12
adhesive bandage *n* 54
airplane *n* 10
airport *n* 10
alarm clock *n* 12
alligator *n* 12
alphabet *n* 12
ambulance *n* 11
anchor *n* 12
angry *adj* 125
animals *n* 13
ankle *n* 17
answer *v* 121
ant *n* 13
antelope *n* 13
apartment block *n* 10
apple *n* 10
apricot *n* 10
April *n* 67
apron *n* 10
archery *n* 13
arm *n* 17
armchair *n* 12
arrow *n* 13
art *n* 11
art *n* 100
artist *n* 11
ask *v* 121
asleep *adj* 12
astronaut *n* 12
audience *n* 13
August *n* 67
aunt *n* 43
avocado *n* 10
awake *adj* 12

B

baby *n* 19
back *adj* 126
backpack *n* 18
bad *adj* 128
badger *n* 14
badminton *n* 16
baker *n* 23
bakery *n* 23
balcony *n* 22
ball *n* 16
balloon *n* 21
banana *n* 21
band *n* 21
bank *n* 22
bark *n* 15
barn *n* 15
baseball *n* 16
baseball cap *n* 16
basket *n* 22
basketball *n* 16
bat *n* 15
bat *n* 16
bathroom *n* 18
bathtub *n* 18
beach *n* 18
beach ball *n* 18
beads *n* 20
beak *n* 14
beans *n* 15
bear *n* 15
beard *n* 41
beaver *n* 14
bed *n* 19
bedroom *n* 19
bee *n* 14
beehive *n* 15
beetle *n* 14
behind *prep* 123
below *adj* 126
belt *n* 20
bench *n* 22
between *prep* 123
bicycle *n* 22
big *adj* 129
bird *n* 14
birthday party *n* 21
black *n* 28
blackberry *n* 14
blanket *n* 19
blinds *n* 19
blossom *n* 14
blue *n* 28
blueberries *n* 21
board game *n* 15
boat *n* 18, 23
body *n* 17
bone *n* 17
book *n* 19
bookcase *n* 19
bookstore *n* 22
boot *n* 20
bored *adj* 125
bottle *n* 18
bottom *adj* 123
bounce *v* 16
bow *n* 20
bowl *n* 21
bowling *n* 16
box *n* 20
boy *n* 79
bracelet *n* 20
branch *n* 15
bread *n* 21, 23
breakfast *n* 21
bricks *n* 20
bridge *n* 22
broccoli *n* 15
broom *n* 20
brother *n* 42
brown *n* 28
bubble *n* 18
bucket *n* 19
buckle *n* 20
build *v* 20
builder *n* 20
building *n* 20
bull *n* 14
burger *n* 21
bus *n* 20
bus station *n* 20
bus stop *n* 20
butter *n* 21
butterfly *n* 14
button *n* 20
buy *v* 23

C

cabbage *n* 29
cabinet *n* 25
café *n* 33
cake *n* 30
calendar *n* 26
camel *n* 33
camera *n* 26
camp *v* 31
campfire *n* 31
can *n* 27
candle *n* 33
candy *n* 30
car *n* 33
card *n* 24
carnival *n* 25
carpet *n* 25
carrot *n* 29
carry *v* 29
cart *n* 27
cash register *n* 27
castle *n* 32
cat *n* 24
catch *v* 29
caterpillar *n* 32
cauliflower *n* 29
cave *n* 30
ceiling *n* 25
celery *n* 29
center *n* 32
cereal *n* 24
chain *n* 22
chair *n* 26
chalk *n* 27
cheap *adj* 126
cheese *n* 31
cheetah *n* 26
chef *n* 33
cherry *n* 30

chess *n* **26**
chest *n* **17**
chick *n* **32**
chicken *n* **31**
chicken *n* **32**
children *n* **79**
chin *n* **41**
chocolate *n* **30**
chopsticks *n* **33**
circle *n* **102**
circus *n* **25**
city *n* **33**
clap *v* **29**
classroom *n* **27**
claw *n* **24**
clean *adj* **129**
clean *v* **29**
cliff *n* **30**
climb *v* **30**
clock *n* **26, 122**
closed *adj* **128**
clothes *n* **24**
cloud *n* **33**
cloudy *adj* **115**
clown *n* **24**
coat *n* **31**
cobweb *n* **32**
coconut *n* **24**
coffee *n* **30**
coin *n* **27**
cold *adj* **127**
cold *n* **55**
collar *n* **24**
college *n* **33**
color *v* **27**
color in *v* **121**
colors *n* **28**
comb *n* **24**
comet *n* **31**
comic book *n* **32**
compass *n* **30**
computer *n* **26**
cone *n* **102**
cook *v* **33**
cookie *n* **30**
coral *n* **31**
corn *n* **29**
corner *n* **32**
cotton candy *n* **24**
couch *n* **25**
cough *n* **55**
count *v* **27, 121**
cousins *n* **43**
cow *n* **32**
crab *n* **31**
crayon *n* **27**
crocodile *n* **26**
crown *n* **32**
cry *v* **25**
cube *n* **102**
cucumber *n* **29**
cup *n* **30**
cupcake *n* **30**
curly *adj* **52**
curtain *n* **25**
cushion *n* **25**
customer *n* **30**
cut *v* **27**
cutlery *n* **27**
cutting board *n* **29**
cycle *v* **33**

D

dad *n* **42**
dance *v* **34**
dark *adj* **128**
daughters *n* **42**
day *n* **122**
days of the week *n* **37**
December *n* **67**
deck chair *n* **35**
deer *n* **34**
dentist *n* **36**
desert *n* **34**
desk *n* **36**
dessert *n* **35**
diamond *n* **102**
dictionary *n* **34**
different *adj* **128**
difficult *adj* **126**
dining room *n* **36**
dinner *n* **35**
dinosaur *n* **36**
dirty *adj* **129**
dive *v* **35**
diving board *n* **35**
doctor *n* **36**
dog *n* **34**
doll *n* **36**
dollhouse *n* **36**
dolphin *n* **36**
donkey *n* **34**
don't like *v* **127**
door *n* **36**
down *prep* **123**
downstairs *n* **127**
dragon *n* **36**
dragonfly *n* **34**
draw *v* **36**
drawer *n* **36**
dream *v* **36**
drill *n* **104**
drink *v* **35**
drinks *n* **35**
drive *v* **34**
drum *n* **36**
dry *adj* **129**
duck *n* **34**
duckling *n* **34**

E

eagle *n* **38**
ear *n* **39, 41**
earache *n* **55**
earring *n* **39**
Earth *n* **39, 82**
east *n* **30**
easy *adj* **126**
eat *v* **39**
eel *n* **39**
egg *n* **38**
eggplant *n* **39**
eight *num* **71**
eighteen *num* **71**
eighty *num* **120**
elastic wrap *n* **54**
elbow *n* **17**
elephant *n* **38**
eleven *num* **71**
empty *adj* **128**
English *n* **100**
entrance *n* **39**
envelope *n* **39**
eraser *n* **39**
excited *adj* **125**
exit *n* **39**
expensive *adj* **126**
explorer *n* **38**
eye *n* **39, 41**
eyebrow *n* **39, 41**
eyelash *n* **39**

F

face *n* **17, 41**
fall *n* **97**
family *n* **42**
far *adj* **127**
farm *n* **40**
farmer *n* **40**
fast *adj* **128**
father *n* **42**
February *n* **67**
fence *n* **45**
few *adj* **126**
field *n* **40**
fifteen *num* **71**
fifty *num* **120**
fin *n* **41**
finger *n* **17, 51**
fingernail *n* **51**
finish *v* **45**
fire *n* **40**
fire engine *n* **40**
fire station *n* **40**
firefighter *n* **40**
fireworks *n* **44**
fish *n* **41**
fishing rod *n* **45**
five *num* **71**
flag *n* **45**
flamingo *n* **41**
flashlight *n* **44**
flippers *n* **41**
floor *n* **44**
flour *n* **44**
flower *n* **40**
fly *n* **45**
fly *v* **41**
foggy *adj* **115**
food *n* **44**
foot *n* **17**
forest *n* **45**
fork *n* **27**

forty *num* **120**
four *num* **71**
fourteen *num* **71**
fox *n* **45**
Friday *n* **37**
fridge *n* **44**
fries *n* **44**
frog *n* **45**
front *adj* **126**
fruit *n* **44**
full *adj* **128**

G

garage *n* **47**
garden *n* **46**
garlic *n* **49**
gate *n* **47**
gazelle *n* **48**
geography *n* **100**
gift *n* **49**
giraffe *n* **48**
girl *n* **79**
give *v* **49**
glass *n* **49**
glasses *n* **46**
gloves *n* **46**
glue *n* **49**
go *v* **126**
goal *n* **48**
goat *n* **49**
goggles *n* **48**
goldfish *n* **49**
golf *n* **49**
good *adj* **128**
goose *n* **49**
gorilla *n* **48**
granddaughter *n* **43**
grandfather *n* **43**
grandma *n* **42**
grandmother *n* **42**
grandpa *n* **43**
grandparents *n* **43**
grandson *n* **43**
grapes *n* **46**
grass *n* **47**
grasshopper *n* **47**
gray *n* **28**
green *n* **28**
greenhouse *n* **46**
grow *v* **47**
guitar *n* **48**
gym *n* **49**
gymnastics *n* **49**

H

hair *n* **52**
hair dryer *n* **52**
hairbrush *n* **52**
hairdresser *n* **52**
half *adj* **129**
hall *n* **51**
hammer *n* **104**
hand *n* **17, 51**
handlebar *n* **22**
happy *adj* **125**
hard *adj* **128**
hat *n* **51**
hay *n* **53**
head *n* **17**
headache *n* **55**
headphones *n* **51**
health *n* **54**
hear *v* **90**
heart *n* **102**
heavy *adj* **126**
hedgehog *n* **52**
helicopter *n* **50**
helmet *n* **51**
hide *v* **53**
high *adj* **127**
hill *n* **53**
hippo *n* **50**
history *n* **100**
hit *v* **53**
honey *n* **50**
hoof *n* **53**
hook *n* **51**
hop *v* **53**
horse *n* **53**
horse riding *n* **53**
hospital *n* **50, 54**
hot *adj* **127**
hot-air balloon *n* **50**
hotel *n* **50**
hour *n* **122**
house *n* **50**
hug *v* **53**
hummingbird *n* **52**
hungry *adj* **125**
husband *n* **43**

I

ice *n* **56**
ice cream *n* **57**
ice-cream truck *n* **57**
ice hockey *n* **57**
ice pop *n* **57**
ice rink *n* **57**
ice skate *n* **57**
ice-skating *n* **57**
iceberg *n* **56**
igloo *n* **56**
in *prep* **123**
in front of *prep* **123**
insects *n* **56**
inside *adj* **127**
instruments *n* **56**
iron *n* **56**
island *n* **57**

J

jacket *n* **59**
jaguar *n* **58**
jam *n* **59**
January *n* **67**
jar *n* **59**
jeans *n* **59**
jellyfish *n* **58**
jewelry *n* **59**
jigsaw puzzle *n* **58**
jobs *n* **58**
juice *n* **59**
July *n* **67**
jump *v* **58**
June *n* **67**
jungle *n* **58**
Jupiter *n* **82**

K

kangaroo *n* **60**
kettle *n* **61**
key *n* **61**
key ring *n* **61**
keyboard *n* **26**
kick *v* **61**
king *n* **61**
kitchen *n* **61**
kite *n* **61**
kitten *n* **61**
kiwi *n* **61**
knee *n* **17**
knife *n* **27, 61**
knit *v* **61**
knuckle *n* **51**
koala *n* **60**

L

ladder *n* **65**
ladybug *n* **62**
lake *n* **65**
lamb *n* **65**
land *n* **64**
languages *n* **100**
laptop *n* **63**
laugh *v* **64**
leaf *n* **62**
left *adj* **123**
leg *n* **17**
lemon *n* **65**
lemonade *n* **65**
leopard *n* **62**
letter *n* **63**
letters *n* **63**
lettuce *n* **65**
librarian *n* **65**
library *n* **65**
life jacket *n* **64**
lifeguard *n* **64**
lift *v* **64**
light *adj* **126**
light *adj* **128**
lighthouse *n* **64**
lights *n* **63**
like *v* **127**
lime *n* **65**
lion *n* **62**
listen *v* **63, 121**
living room *n* **63**
lizard *n* **62**
llama *n* **65**

lobster *n* **64**
lollipop *n* **65**
long *adj* **52**
look at *v* **121**
loud *adj* **129**
low *adj* **127**

M

machine *n* **67**
magazine *n* **69**
magician *n* **66**
mail carrier *n* **66**
mailbox *n* **66**
man *n* **79**
mango *n* **68**
many *adj* **126**
map *n* **66**
March *n* **67**
market *n* **68**
Mars *n* **82**
mask *n* **54**
mat *n* **67**
match *n* **66**
math *n* **100**
May *n* **67**
me *pron* **42**
meal *n* **69**
meat *n* **68**
mechanic *n* **67**
medicine *n* **54**
meerkat *n* **69**
melon *n* **68**
men *n* **79**
menu *n* **69**
Mercury *n* **82**
metal *n* **67**
middle *adj* **123**
midnight *n* **122**
milk *n* **69**
milkshake *n* **69**
minute *n* **122**
mirror *n* **66**
mole *n* **66**
mom *n* **42**
Monday *n* **37**
money *n* **69**
monkey *n* **69**
monster *n* **66**
month *n* **122**
months of the year *n* **67**
moon *n* **68**
mother *n* **42**
motorcycle *n* **67**
mountain *n* **69**
mouse *n* **26**
mouse *n* **66**
mouth *n* **41**
movie *n* **68**
movie theater *n* **66**
mud *n* **66**
mug *n* **69**
museum *n* **66**
mushroom *n* **68**
music *n* **68**
musician *n* **68**
mustache *n* **41**

N

nail *n* **104**
nauseated *adj* **55**
near *adj* **127**
neck *n* **70**
necklace *n* **70**
Neptune *n* **82**
nest *n* **70**
new *adj* **128**
newspaper *n* **70**
next to *prep* **123**
night *n* **70**
nine *num* **71**
nineteen *num* **71**
ninety *num* **120**
ninety-eight *num* **120**
ninety-five *num* **120**
ninety-four *num* **120**
ninety-nine *num* **120**
ninety-one *num* **120**
ninety-seven *num* **120**
ninety-six *num* **120**
ninety-three *num* **120**
ninety-two *num* **120**
noon *n* **122**
north *n* **30**
nose *n* **41, 70**
nostril *n* **70**
notebook *n* **70**
November *n* **67**
numbers *n* **71**
nurse *n* **70**
nuts *n* **70**

O

oar *n* **72**
ocean *n* **72**
October *n* **67**
octopus *n* **72**
off *adj* **73**
office *n* **73**
old *adj* **126**
old *adj* **128**
olive *n* **72**
on *adj* **73**
on *prep* **123**
one *num* **71**
one hundred *num* **120**
one million *num* **120**
one thousand *num* **120**
onion *n* **72**
open *adj* **128**
orange *n* **28**
orange *n* **72**
ostrich *n* **73**
otter *n* **73**
outside *prep* **127**
oval *n* **102**
oven *n* **72**
over *prep* **123**
owl *n* **73**

P

package *n* **75**
paint *n* **78**
paint *v* **76**
paintbrush *n* **76**
painting *n* **76**
pajamas *n* **77**
palace *n* **82**
palm *n* **51**
pancakes *n* **81**
panda *n* **78**
pants *n* **81**
paper *n* **78**
paper clip *n* **80**
parents *n* **42**
park *n* **80**
parking garage *n* **75**
parrot *n* **79**
party *n* **78**
passenger *n* **79**
pasta *n* **77**
patch *n* **79**
path *n* **80**
patient *n* **54**
pattern *n* **77**
paw *n* **81**
pea *n* **74**
peach *n* **74**
peacock *n* **82**
pear *n* **74**
pedal *n* **22**
pen *n* **78**
pencil *n* **78**
pencil case *n* **78**
penguin *n* **74**
people *n* **79**
pepper *n* **74**
pepper *n* **77**
perfume *n* **78**
pets *n* **81**
phone *n* **76**
photo *n* **76**
piano *n* **76**
picnic *n* **80**
pie *n* **80**
pig *n* **75**
pillow *n* **76**
pilot *n* **79**
pineapple *n* **74**
pink *n* **28**
pirate *n* **79**
pizza *n* **77**
plain *n* **77**
plane *n* **79**
planets *n* **82**
planner *n* **78**
plant *n* **76**
plastic *n* **80**
plate *n* **77**
play *v* **76**
playground *n* **81**
plum *n* **74**

pocket *n* 77
point *v* 121
polar bear *n* 74
police car *n* 75
police officer *n* 75
police station *n* 75
pond *n* 80
pony *n* 75
popcorn *n* 80
post office *n* 75
postcard *n* 81
poster *n* 76
pot *n* 76
potato *n* 74
present *n* 78
prince *n* 82
princess *n* 82
printer *n* 76
puddle *n* 80
pull *v* 75
pumpkin *n* 74
puppet *n* 76
puppy *n* 81
purple *n* 28
purse *n* 81
push *v* 75
pyramid *n* 81

Q

queen *n* 83
quiet *adj* 129

R

rabbit *n* 84
raccoon *n* 84
race *n* 84
race car *n* 87
radio *n* 85
railroad track *n* 85
rain *n* 86
rainbow *n* 86
raincoat *n* 86
rainforest *n* 87
rainy *v* 115
raisins *n* 86
raspberries *n* 86
read *v* 87, 121
rectangle *n* 102
recycle *v* 86
red *n* 28
reindeer *n* 84
relaxed *adj* 125
remote control *n* 85
repeat *v* 121
restaurant *n* 86
rhinoceros *n* 87
ribbon *n* 84
rice *n* 86
right *adj* 123
ring *n* 86
river *n* 84
road *n* 85
robot *n* 87
rock *n* 84
rocket *n* 87
rocking horse *n* 87
roller coaster *n* 85
roller skates *n* 87
roof *n* 85
room *n* 85
rope *n* 84
rug *n* 85
ruler *n* 84
run *v* 84

S

sad *adj* 125
sail *n* 93
sailboat *n* 93
salad *n* 97
salt *n* 89
same *adj* 128
sand *n* 90
sandals *n* 103
sandbox *n* 94
sandcastle *n* 94
sandwich *n* 97
Saturday *n* 37
Saturn *n* 82, 88
sauce *n* 91
sausage *n* 91
scales *n* 90
scarecrow *n* 101
scared *adj* 125
scarf *n* 88
school *n* 98
science *n* 100
scissors *n* 89
scooter *n* 94
score *n* 98
score *v* 102
screen *n* 26
screw *n* 104
screwdriver *n* 104
scuba diver *n* 92
sea *n* 92
seagull *n* 93
seahorse *n* 93
seal *n* 90
seasons *n* 97
seat *n* 22
seat *n* 95
seatbelt *n* 95
seaweed *n* 92
second *n* 122
see *v* 90
seeds *n* 101
seesaw *n* 94
sell *v* 101
semi-circle *n* 102
senses *n* 90
September *n* 67
seven *num* 71
seventeen *num* 71
seventy *num* 120
sew *v* 89
shampoo *n* 99
shapes *n* 102
shark *n* 93
shed *n* 100
sheep *n* 96
shelf *n* 99
shell *n* 92
ship *n* 92
shirt *n* 103
shoelace *n* 103
shoes *n* 103
shopping center *n* 99
short *adj* 52
short *adj* 129
shorts *n* 103
shoulder *n* 17
shout *v* 101
shovel *n* 94
shower *n* 99
shy *adj* 125
sick *adj* 55
sidewalk *n* 99
sing *v* 95
singer *n* 95
sink *n* 99
sister *n* 42
sit down *v* 98
six *num* 71
sixteen *num* 71
sixty *num* 120
skate *v* 101
skateboard *n* 94
skeleton *n* 17
ski *v* 88
skirt *n* 103
skull *n* 17
sky *n* 101
skyscraper *n* 98
sled *v* 88
sleep *v* 91
sleeping bag *n* 91
sleeve *n* 103
slide *n* 94
slippers *n* 103
slow *adj* 128
slug *n* 100
small *adj* 129
smell *v* 90
smile *n* 95
smoke *n* 90
snail *n* 101
snake *n* 96
sneakers *n* 103
sneeze *n* 55
snow *n* 89
snowball *n* 89
snowboard *n* 88
snowflake *n* 89
snowman *n* 88
snowy *v* 115
soap *n* 99
soccer *n* 98
socks *n* 103
soft *adj* 128
son *n* 42
song *n* 95
sore *adj* 55

soup *n* **97**
south *n* **30**
space *n* **88**
spaceship *n* **88**
spade *n* **100**
spaghetti *n* **91**
spell *v* **102, 121**
sphere *n* **102**
spices *n* **89**
spider *n* **101**
spinach *n* **97**
spoon *n* **27, 97**
sports *n* **102**
spring *n* **97**
square *n* **102**
squirrel *n* **96**
stable *n* **96**
stadium *n* **98**
stage *n* **95**
stairs *n* **103**
stamp *n* **96**
stand up *v* **98**
stapler *n* **96**
star *n* **102**
starfish *n* **92**
stars *n* **88**
step *n* **103**
stick *n* **101**
stingray *n* **93**
stomach *n* **17**
stomachache *n* **55**
stone *n* **100**
stop *v* **126**
store *n* **98**
storm *n* **95**
stormy *adj* **115**
story *n* **96**
straight *adj* **52**
strawberry *n* **100**
stream *n* **96**
street *n* **98**
stretch *v* **101**
stretcher *n* **54**
strong *adj* **127**
student *n* **101**
study *v* **101**
subjects *n* **100**
submarine *n* **92**
sugar *n* **89**
suitcase *n* **90**
summer *n* **97**
sun *n* **82, 88**
sun hat *n* **90**
Sunday *n* **37**
sunglasses *n* **90**
sunny *adj* **115**
surf *v* **92**
surfboard *n* **92**
surprised *adj* **125**
swan *n* **96**
sweater *n* **88**
swim *v* **91**
swimming pool *n* **91**
swimsuit *n* **91**
swing *n* **94**
syrup *n* **89**

T

table *n* **105**
table tennis *n* **111**
tablecloth *n* **105**
tablet *n* **106**
tadpole *n* **104**
tail *n* **105**
talk *v* **111**
tall *adj* **129**
tambourine *n* **109**
tape measure *n* **104**
taste *v* **90**
taxi *n* **107**
tea *n* **105**
teacher *n* **110**
team *n* **108**
teapot *n* **105**
teddy bear *n* **106**
teeth *n* **111**
telescope *n* **105**
television *n* **106**
ten *num* **71, 120**
tennis *n* **110**
tennis racket *n* **110**
tennis shoes *n* **107**
tent *n* **105**
theater *n* **107**
thermometer *n* **54**
think *v* **108**
thirsty *adj* **125**
thirteen *num* **71**
thirty *num* **120**
three *num* **71**
throw *v* **108**
thumb *n* **51**
Thursday *n* **37**
ticket *n* **110**
tie *n* **107**
tiger *n* **105**
tights *n* **107**
timetable *n* **110**
tire *n* **22, 111**
tissues *n* **108**
toad *n* **104**
toast *n* **105**
toaster *n* **105**
toe *n* **17**
toilet *n* **108**
toilet paper *n* **108**
tomato *n* **106**
tongue *n* **111**
toolbox *n* **104**
tools *n* **104**
tooth *n* **111**
top *adj* **123**
top *n* **107**
tortoise *n* **104**
touch *v* **90**
towel *n* **109**
town *n* **107**
toy box *n* **106**
toy store *n* **107**
toys *n* **106**
tractor *n* **111**
traffic *n* **106**
traffic lights *n* **106**
trailer *n* **105**
train *n* **110**
train set *n* **106**
train station *n* **110**
trash *n* **108**
treasure *n* **106**
tree *n* **111**
triangle *n* **102**
triangle *n* **109**
tricycle *n* **106**
trolley *n* **107**
truck *n* **107**
trumpet *n* **109**
T-shirt *n* **107**
Tuesday *n* **37**
tunnel *n* **110**
turkey *n* **111**
turtle *n* **108**
twelve *num* **71**
twenty *num* **71, 120**
two *num* **71**

U

umbrella *n* **112**
uncle *n* **43**
under *prep* **123**
underwear *n* **112**
unicorn *n* **112**
university *n* **112**
up *prep* **123**
upstairs *n* **127**
Uranus *n* **82**

V

van *n* **113**
vase *n* **113**
vegetables *n* **113**
Venus *n* **82**
vet *n* **113**
video game *n* **113**
view *n* **113**
village *n* **113**
violin *n* **113**
volcano *n* **112**
volleyball *n* **113**

W

waiter *n* **115**
walk *v* **117**
wall *n* **116**
wallet *n* **115**
walrus *n* **116**
wash *v* **117**
washing machine *n* **115**
wasp *n* **114**
watch *n* **115**
watch *v* **117**
water *n* **115**
water *v* **114**

waterfall *n* **117**
watering can *n* **114**
watermelon *n* **114**
wave *n* **116**
wave *v* **117**
weak *adj* **127**
weather *n* **115**
website *n* **116**
Wednesday *n* **37**
week *n* **122**
weekend *n* **122**
west *n* **30**
wet *adj* **129**
whale *n* **116**
wheel *n* **22, 115**
wheelbarrow *n* **114**
wheelchair *n* **115**
whiskers *n* **116**
whisper *v* **114**
whistle *v* **114**
white *n* **28**
whole *adj* **129**
wife *n* **43**
windmill *n* **116**
window *n* **116**
windy *adj* **115**
wing *n* **117**
winter *n* **97**
wolf *n* **117**
woman *n* **79**
women *n* **79**
wood *n* **116**
woodpecker *n* **117**
woods *n* **117**
wool *n* **116**
worm *n* **114**
worried *adj* **125**
wrench *n* **104**
write *v* **114, 121**

X

X-ray *n* **118**
xylophone *n* **118**

Y

yacht *n* **118**
yard *n* **118**
yawn *v* **118**
year *n* **122**
yellow *n* **28**
yoga *n* **118**
yogurt *n* **118**
young *adj* **126**
yo-yo *n* **118**

Z

zebra *n* **119**
zero *num* **120**
zigzag *n* **119**
zipper *n* **119**
zoo *n* **119**

Acknowledgments

The publisher would like to thank:

Tim Woolf for songwriting; Kelly Adams, Adam Brackenbury, Anthony Limerick, and Anna Scully for design and illustration assistance; Ankita Awasthi Tröger, Elizabeth Blakemore, Thomas Booth, Amelia Petersen, and Carine Tracanelli for editorial assistance; Megan Douglass and Kayla Dugger for Americanization; Elizabeth Blakemore for proofreading; and ID Audio for audio recording and production.

All images are copyright DK. For more information, please visit **www.dkimages.com.**